快刀洪七 冯玉麟◎编著

马云的

颠覆

的

智慧

ZHEJIANG UNIVERSITY PRESS
浙江大学出版社

目　录

第三部分
境界篇

第六章

颠覆需要有一种危机意识　/143

第七章

颠覆的最高境界——自我颠覆　/158

一个懂得颠覆既往的人

今天是一个颠覆的时代。

地球是平的,世界是反的。

美国历史上第一位黑人总统奥巴马,通过互联网颠覆了美国,这一结果在之后几年内一直是热门话题。

从微软,到 Google,到 twitter,一个又一个让我们觉得刺目的时代巨头被颠覆,在这个工业时代迈向信息时代的过程中,产业的生态被颠覆,审美的标准被颠覆,传统的观念被颠覆。

在这样一个颠覆的时代,如果你循规蹈矩,做一个好孩子,那么注定要默默无闻。一个颠覆的时代,就要用颠覆的手段去赶超。

马云是一个坏小子,从他跟人打架打得缝了 13 针,我们就知道。所以,他不惮于颠覆既往,就像他从一本《人生》顿悟,从而改头换面,似乎成了"好孩子"认真备考一样。

马云本来是有机会成为中国雅虎的,不光是杨致远当年向他发出邀请,请他当雅虎中国的总经理,而在当年,如果他真的能说服别人把内容搬到他的网站上,说不定马云就成了中国的雅虎了,那就没有新浪、网易、搜狐什么事了。

但是,拒绝和没有变成中国雅虎未必是坏事。虽然在之后的若干年里,马云只有眼睁睁看着中国互联网市场翻天覆地的变化,看着互联网成为一个八卦、娱乐、流行的大舞台。

在马云之前,甚至直到现在,我们买电脑的理由跟我们实际的用途往往是背离的。我们的理由是电脑用于工作,能干很多事,结果我们买来电脑主要是玩游戏、看碟,哪怕用上了搜索之后,也只是用来搜搜小道消息和网络红人。比如我们搜 2010 年国庆刚出炉的号称超越凤姐的"小月月",可以达到 100 万条结果,而搜李开复,却只有 6 万条结果。

有无数的时代英雄大喊:互联网必将改变世界!结果,我们在家里只是看到,互联网改变了娱乐。

幸亏马云不懂电脑,否则他肯定先用电脑上黄色网站,事实上后来几乎没有哪台电脑里没有几个有颜色的,幸运的是马云啥也不会,于是他用他做生意的大脑想出了让商人在网上聊天。这个现在看起来很傻的主意,实际上是给我们这个时代创造了一个互联网的新可能,那就是电脑除了可以玩游戏以外,还可以赚钱。

马云对于中国互联网的价值,对于中国的价值,我想,这是很重要的一点。也许正是这一点,一度让那些比杭州要大好多倍的大城市的众多高官纳闷:为什么我们这儿出不了马云呢?

调查显示,乔布斯是美国青年最崇拜的人,而马云则是中国青年最崇拜的人。他们有很多的相似之处。完美而又极端,他们都以完美的创新颠覆着他们身边的世界。乔布斯改变了消费电子的游戏规则;而马云呢,则是教会中国人正确使用互联网的第一人。

马云是一位造梦大师，他能把他天才的想法植入他的团队，变成他团队的血液和生命。他本人对很多技术和执行的不懂不会，跟他团队的高效执行，形成了鲜明的对比。这也是吸引很多人研究他和他的团队的原因，人们希望找到梦境构造的诀窍。

事实上，研究马云的人和书都非常多，而对马云的研究，再多可能也不为过。因为，无论在哪个层面，我们似乎都可以看到马云及其团队令人惊羡的颠覆与创新，就像千山万水踏遍之后，"轻舟已过万重山"，"飞流直下三千尺"。

马云最为人称道的，就是他不断的颠覆和层出不穷的创新。但正如马云自己所说，如果重新来一遍的话，他和他的团队未必能有今天的阿里巴巴集团，一切除了坚持之外，还有几分幸运。

那么，除了幸运，还有什么是必然？还有什么是我们能从中窥破成功天机的呢？《马云的颠覆智慧》就是这样一本书，马云是一个懂得颠覆既往的人，我希望以"颠覆式"的思维来解读马云，第一次去思考"颠覆"是怎样的一种能力，是怎样的一种智慧。

为方便读者，本书分为三大部分来解读马云的颠覆智慧，分别是"思想篇"、"行动篇"和"境界篇"。

在"思想篇"，我们有三个章节。在第一章"颠覆是一种能力"中，我们解读了什么是颠覆，以及颠覆的威力。

很多人钦佩马云的颠覆能力，很多人说马云是奇迹，我倒不这么认为，他只是一个有常识的人，一个没有被惯性天花板束缚的人。因为英语老师马老师早年就接触了国外的东西，发现了某些国内外的不同，这使他能独立思考，并具有了国际视野，他的颠覆其实顺理成章。颠覆其实是他恢复了"常识"的能力，不被人云亦云的各种表象和宣传所迷惑。

在今日中国,这种常识能力尤为可贵,如果你可以独立思考,你也能成功。颠覆是一种能力,常识是一种能力。

在第二章"颠覆的动机是梦想"中,我们其实对很多人认为马云的成功源于他的梦想,做出了一个新的解读。很多人说马云成功源于他有梦想,并不停地去忽悠,变成现实。

梦想是什么?其实换一个角度,我们发现,我们都误读了"梦想",梦幻空间谁没有,梦想谁没有,为什么马云的梦想就成功了,就能变成现实,而大多数人的却没有,还在梦幻空间呢?

我认为,那不是梦想,只是一种平常心。如果非要去夸大,说成是执着也好,但这是内心真实地认为可以实现的"梦想",可以去做的事。因为在马云心里,以及很多成功者那里,对未来的描绘,看上去充满激情,其实与激情无关,而是他们真心地这么认为——只要做了,自然就水到渠成,这不是成功学,而是平常学。因为这种"梦想",不是演出来的。

马云的"梦想"其实不复杂,如果我来说,我更愿意把这描绘成"工程的蓝图",即便这个蓝图经常会修改,它也仍然是蓝图,正因为是蓝图,早晚有一天会变成广厦。千万别以为,激情和梦想能让你成功,只有蓝图能让你成功,哪怕最简陋的蓝图。

在第三章"颠覆需要敏锐的洞察"中,我们分析了马云颠覆智慧的关键,也是他的情报分析系统。大家都同意,马云很能发现机会,中国黄页、阿里巴巴B2B、淘宝 C2C,甚至是在最高潮期抢点上市。

宋代禅宗大师青原行思提出参禅的三重境界:参禅之初,看山是山,看水是水;禅有悟时,看山不是山,看水不是水;禅中彻悟,看山仍然是山,看水仍然是水。马云是务实的，他观察网站，他观察生意的本质，能够披沙见金，因为他本质就是个商人，他知道商人的需求，他能洞穿，能放下，能看山还是山，这就是他的洞察。当然，他还有他的一套高明的信息情报系统，他有三分之二的时间都在与高人打交道。

在第二部分"行动篇"，有两个章节。第一章"颠覆的手段是创新"，主要谈了马云通过创新实现颠覆；而在第二章"颠覆需要高效的执行力"中，则分析了马云及其团队高效执行力的原因。凡大事业，都不是一个人成就的。自古以来，执行的关键就是团队，就是用人。马云本人不懂技术，不懂执行，不懂细节，但是他却可以通过团队去执行，那么最重要的，就是统一思想。真正的执行力，在于实现的力量，执行力在于团队。而团队作为马云的实现系统，其所坚持的原则、信条、价值观就非常之重要，这也是马云为什么强调价值观的原因之一。

最后一部分是"境界篇"。主要有两个章节，分别讲了"马云的危机意识"和"马云的自我颠覆"。

在光荣出品的《三国志》、《英杰传》等三国系列游戏里，每个角色都有一种参数，叫政治力，政治力高的人，办事的效率和成果会高很多。危机感可以算是一种政治能力。

我们看动物世界，环境能力其实是动物生存的必备本领，越是大型的食肉动物，这种意识就越强烈，狮子、狼群都有自己的领地，随时巡视，并感觉是否有外敌入侵，判断是否能力敌，还是智取，或是逃跑，决定了这些食肉动物的生与死。对马云来说，这种危机意识，其实是很现实的。

今天，我们看到的是马云的成功。而他在每次决策前，都是征求各方的意见，即便是站在所有人的对立面，他也会坚持自己的选择。这并不意味着他比别人高明，也不意味着他不重视别人的意见，恰恰相反，在这种征求意见中，他看到了另外一面,这让他看问题更加全面一些,让他更有敬畏感。马云多次表达这种观点:如果重新再来一次,他承认不会重复成功,今天的成功,只是幸运。

更可贵的是,他常常能够颠覆自我。正是这种不断地颠覆自我,让马云能站在更全面的角度理解他面对的问题。事实上,既然有了平常心和洞察本质的能力,为什么不能反对自己呢?如果自己是错的话,反对自己,只会让自己得益,又有何不可?

人最大的敌人其实是自己。金庸的小说中,常常有这样的故事,那些武功高手,往往最难攻破的,就是自己的心魔,有的是好胜心,有的是情关,有的是仇恨,而这些心魔是最终导致他走火入魔,导致失败的主要原因。战胜不了自己,最终将战胜不了任何人。

颠覆的最高境界,就是颠覆自我,酷爱武位的马云不怕颠覆自我,甚至还想等他淡出"江湖"之际出一本书,叫《阿里巴巴和一千零一个错误》,"以儆效尤"。

被称为狂人的马云是一个超级有底气的人,这个底气来自于哪里?让天人没有难做的生意,这个底气来自哪里?颠覆沃尔玛,这个底气来自哪里?

把生意做到美国去,做到全世界去。这个想法马云从来没有放弃。马云在阿里巴巴创建的时候就频频到美国宣传电子商务。马云一得到孙正义的 2000万美元,第二个月就飞到海外去了,要把红旗插到全世界。在金融危机的时候,马云逆向投入 3000 万美元在美国市场做推广宣传。如果马云真的如他所说,颠覆沃尔玛,并打造出真正的让中国人扬眉的阿里巴巴,这就是中国互联网乃至中国企业史上最大的颠覆和最大的创新,我们拭目以待。

快刀洪七

第一部分
思 想 篇

随着信息传播的方式越来越多，沟通障碍将被打破，这个社会像进入了早已设定好的流水线，逐渐被改造为"雷同之海"。传统像一个黑洞，强大的吸引力，使得很多貌似叛逆的行为、夸张的革新演变为传统的变形记，最终回归到滔滔主流，虽有反骨，心存宫阙。任何一个规则的破坏者，随时都会掉进另外一套成规当中，同时发生这种可能性的系数越来越大，唯有中断、打破、重新建立，才是进步的根源与核心。颠覆是一种突破并推翻传统定则的策略性思考技术，通过颠覆，可以产生新的前景，或是赋予新的意义。

　　说白了颠覆就是要向传统动刀，不破不立，第一步就是要辨认出什么是传统，逃离维持现状的想法，逃离麻木状态，发起挑战，进而为颠覆预设前景。不按常理出牌，给一些约定俗成的观念和根深蒂固的习惯以迎头痛击。肤浅的颠覆者从来都缺乏对传统的深入理解，看似对内容随意割裂、重组、拼接，在今天变得越来越容易，但这真的是颠覆吗？颠覆是骨子里的东西，是凤凰涅槃后的重生。颠覆是创新，是一种追求新思维、新发明和新描述的手段。颠覆人类特有的认识能力、实践能力和创造能力，是人类主观能动性的高级表现形式，是推动民族进步和社会发展的不竭动力。一个民族要想走在时代前列，就一刻也不能固化思维，一刻也不能停止颠覆。

"企业是时代的产物，必须与时俱进。如果跟不上时代的发展，就会被淘汰。而要跟上时代的步伐，则需要颠覆自己传统的观念，因此海尔一直在颠覆中前进。"张瑞敏说。但企业的颠覆，不仅仅只有海尔在颠覆。农夫山泉在进入饮用水领域时，颠覆性地采用对立的方法挑战娃哈哈、乐百氏这两大纯净水生产巨头，开辟出天然水这样一个新品类，短时间之内进入这个市场，成为领先品牌。统一鲜橙多巧妙细分果汁浓度，开辟出果汁饮料新类别，并借助新颖、便利的包装以及独特的群体定位和价值定位，当年便成为低浓度果汁饮品的领导品牌。统一润滑油敢于冲破"高端润滑油一般都是外资品牌"这样的屏障，颠覆性利用大众消费品的营销手法开展广告传播活动，短期进入了主流润滑油品牌行列。利郎迎合消费者商务休闲的新需求，冲破众多知名服装品牌的重围，独立开拓出"商务休闲男装"的新品类。中国移动打破以技术为标准的品牌细分规则，颠覆性地创建了一个以年轻人为目标对象的移动品牌"动感地带"，赢得了更多年轻人的青睐……这其中当然少不了那不按常理出牌，经常使用颠覆怪招的阿里巴巴公司。

在"思想篇"中，我们将分三个章节来解读"什么是颠覆"、"颠覆的根本动机"和"颠覆的本质"。

在第一章中，我们将分享"什么是颠覆"。品味马云提出的"懒人创造历史"的观点，回顾"外星人"是怎么赚取到互联网中的第一桶金，这位如今叱咤风云的人物，当年为什么受到了别人的嘲讽和莫名的委屈。管中窥豹，通过三个小案例，去剖析马云颠覆性的思维是如何建立起来的。

在第二章中，我们将挖掘"颠覆的动机"。重回到马云那激情燃烧的岁月，去看看当年的马云，那时候他生活得好吗？是什么促使他去创业？是什么让他接触到了互联网？他是不是有一个不同常人的梦想？

　　在第三章中，我们回归到"颠覆的本质"。通过对颠覆本质的剖析，找出马云在中国黄页、阿里巴巴 B2B、淘宝 C2C 总能发现机遇的原因。

　　为了一一解开"怪异"马云行为，我们先从思想入手，我们认为，颠覆首先是思想层面的，只有有了既定的意识，才会去行动，才会去颠覆。正所谓：心有多大，舞台就有多大；思想有多远，你就能走多远。

第一章

颠覆是一种思想

什么是颠覆

马云是一个异数,他似乎是所有互联网企业掌舵人的反义词:他不懂计算机,不懂管理学;他不按常理出牌,像是在使金庸武侠小说里的"阴阳倒乱刀法",剑似刀,刀似剑,惑人耳目;他零公关,他不仅不会高薪聘人,对进来的人还减工资,他说:"网络公司没好日子了,中国新经济就有希望了。"他认为自己很傻,"像阿甘一样简单"。然而正是这个人的公司,软银的孙正义,在第一波互联网泡沫爆发前夕,决定投资上亿元。阿里巴巴的模式被国际媒体称为继雅虎、亚马逊、Ebay之后的第四种互联网模式,在所有的中国网络公司都是美国某一个模式的翻版时,只有它是例外。这一切之所以马云能做到,正是因为他的思维和智慧与众不同,他善用颠覆。

当经济危机席卷全球,经济理论被金融大鳄颠覆得面目全非,而全球的财富则被几个金融资本采用金融超限战的手法大肆掠夺时,你不会感觉不到颠覆的力量,颠覆是当今知识、智慧、技术完美集成整合体现的结果。

什么是颠覆?让我们先看一下,"颠覆"一词的出处与解释。

【英文】 subvert；overturn；overthrow；undermine

【出处】 至于颠覆，理固宜然。——宋·苏洵《六国论》

【近义词】 倾覆、推翻

【反义词】 保卫、捍卫

【解释】 1. 物体颠倒，倒翻。2. 用某种手段发动政变或武装叛乱，推翻现政权。也比喻用阴谋破坏而非直接用武力从根本上推翻。

颠覆是一种逆向思维。事物本来就是对立而统一的，既有矛盾的一面，也有统一的一面。日常生活中，我们通常仅仅看见事物的一个方面，比如常温下的水是液态的，但是摄氏零度以下就会结冰，变成了固体。颠覆就是从反方向去思考一下，这一事物为什么不可以是另外一个样？在常态下的不可行，也许在某种条件下就是可行的。这样，可以让你的思路变得更宽，更能看透本质。可行与不可行，在某些条件下是可以相互转化的。南辕为何不可以北辙？指东为何不能打西？上面虚晃一招，下面为什么不可以来个扫堂腿？收购为何不能反收购？中国古代奇书《鬼谷子》，以及武侠小说中的"奇门遁甲"里，都有讲到这种颠覆的艺术。

马云有一次去日本参加一个国际会议。有位日本朋友向马云抱怨：到中国，他竟然发现上不了在日本的博客。他甚至质疑：网络管理这么严，怎么还能做好电子商务呢？在一般情况下，常人的思维都是直接去解决这个问题，即：网络监管与电子商务的"矛盾"。但这并不是马云能解决的，似乎这是一个在国内做电子商务的"阿基硫基之踵"，是很难回答的；但是，马云的反驳很"绝"，他说："即使有5％的网站上不了，我们何必死盯着这5％呢？我们为何不去开拓95％的市场？这个道理很明显。如果我们只埋怨5％，只会越来越消极，越来越痛苦。"马云接着打了个比方：有时候被老师、同学误解很正常，但应该看到，大部分时候，相处都是愉快的。所以，不要因为一时的误解，影响到整个师生或同学间的感情。

这里，马云只是把 5% 和 95% 的关系颠覆过来，从日本朋友最关注的 5%，转移到电子商务大市场的 95% 上来，这样，我们的态度和认识就截然不同了，原来事物反过来看又是另一番光景。

案例1·懒人创造历史

马云在对雅虎员工的演讲中，总结世界上很多非常聪明并且受过高等教育的人，却无法成功的原因："他们从小就受到了错误的教育，他们养成了勤劳的恶习。很多人都记得爱迪生说的那句话吧：天才就是 99% 的汗水加上 1% 的灵感。并且被这句话误导了一生。勤勤恳恳地奋斗，最终却碌碌无为。其实爱迪生是因为懒得想他成功的真正原因，所以就编了这句话来误导我们。"这段话可能是马云为了活跃现场气氛的随口调侃，但不能否定的是有许多冥冥之中的因缘际遇促成了伟大的诞生。

懒人创造历史。当我们初次听到这个观点的时候，肯定要大吃一惊，因为这与我们的教育截然相反。因为我们在许多年以来，从来没有怀疑过这个观点，我们努力工作，勤劳而忘我，白天工作，晚上加班，甚至为了某些项目连续几个通宵熬到双眼通红、筋疲力尽，但丝毫不影响项目推进时的喜悦感，并且沾沾自喜，颇有成就感。现在，马云却告诉我们，勤劳是一种恶习。这让我们联想到陈志武写的一本书《为什么中国人勤劳而不富有》，是啊，可以说中国人是全世界最勤劳的民族之一了，跟美国人、英国人、法国人相比，我们的工作时间、加班时间都远远超过他们，而为什么我们不富有，为什么我们不成功呢？

用马云的观点来看，懒是一种进步的标志。人们因为懒得爬上爬下地走楼梯，而发明了电梯。人们因为懒得手摇蒲扇，而发明了电风扇。人们因为懒得洗衣和洗碗，于是发明了洗衣机和洗碗机。人们因为不想浪费时间，由古老的送信、让人帮忙传话发展到了用电话、用手机给对方打电话。人们为了少弯一点腰，而发明了收割机、插秧机等多种机械设备。这些例子就可以说明懒人拥有聪明的头脑，是懒人推进了科技，是懒人推进了世界发展史这个巨大的年轮。敢于冲破思想的局限这是难能可贵的。人类社会的发展，其实就是一个人类不断探索偷懒方法的过程。敢于想象，才能改变生活；敢于尝试，才能改变社会；敢于偷懒，才能推动历史向前发展。

何谓聪明，何谓笨？何谓勤劳，何谓懒惰？在马云这里似乎成了一个问题。颠覆传统判别标准，让许多在传统理念里无望的孩子，得以重生的理由。

马云本人在这方面就是个特例：他小时候并没有表现出天才的特立独行，他从小功课就不好，甚至数学考过1分。他说："我大愚若智，其实很笨，脑子这么小，只能一个一个地想问题，你连提三个问题，我就消化不了。"他瘦小却爱打架，"打了无数次的架"，"打得缝过13针，挨过处分，被迫转学杭州八中"。高中毕业没考上大学去踩三轮车，直到有一天在金华火车站捡到一本书，路遥的《人生》。这本书改变了这个傻孩子："我要上大学。"

后来他坦言自己小学考重点中学考了三次没有考上。老师、家长对这个孩子的前途不抱任何希望。马云第一次高考，数学0分，考了三次，才考上杭州师范学院，还是个专科，后来因为对应的本科班没招满而升入本科。大学不考数学，英语好的马云开始转运。之后，这位全杭州英语最好的中学教师开始因为Internet下海，再经历了两次创业失败后，在1999年2月创办了阿里巴巴，之后的故事众所周知。

今天，在公众视野中，马云是一个神话般的人物。但是，我们观察马云的人生轨迹,却可以找出他之所以能够与众不同的某些"秘密"。

1964 年,马云出生在杭州,母亲在成衣工厂工作,父亲先是在摄影店里赚钱,之后又被派去主持当地的戏剧社,在一周的大部分晚上,都会有演员朋友来拜访父亲,马云的表现欲当是出于从小的耳濡目染。马云有英语特长,上中学起,他每天都会骑自行车到西湖附近的香格里拉饭店外带海外观光团,乘机练习英文,他在那里遇到过一个澳洲家庭,并被邀请在夏天跟他们去住了一个月。这让马云很早就与外面的世界接触,当他发现他看到的一些事情和他被告知的并不完全相同的时候,他开始形成独立思考的意识。

独立思考,是我们能够颠覆某些"假象",用实践去检验真理的根本。如果我们只知道盲从,看到广告就相信,听到一面之词就义愤,分辨不出什么是事实,什么是宣传,人云亦云,那是不可能有能力去"颠覆"的。小时候听过小马过河的故事,讲小马要过河,但不知道河水是深还是浅,于是问松鼠,问老牛,结果各人都有各人的说法,松鼠说很深还淹死过同伴,老牛说很浅才过小腿肚子。于是小马非常纠结,最后还是自己试了试,结果既不像松鼠说的那么深,也不像老牛说的那么浅。

如果这匹小马叫马云的话,他也会问松鼠,也会问老牛,最后他会分析出来,松鼠和老牛之所以不能过河与能过河的原因,并判断自己能不能趟过河去。如果不能独立思考,就会被松鼠和老牛的结论所困扰,想破头也想不出来办法,只好回家问妈妈。而能提出"懒人创造历史"的颠覆性观点,无疑是马云独立思考,并从前人和自己的经验中总结出来的认识。

案例 2 · 小马趟过互联网这条河

马云考上了杭州师范学院,不论数学、只论英语的马云从此如鱼得水,同时他外放型的性格让他积极于学生活动,很快当选校学生会主席,随后当选杭州市学联主席。1988 年毕业,马云被分配到杭州电子工学院,教英语,每月 89 元工资。马云很快成为杭州优秀青年教师,开始在杭州翻译界小有名气。因此,很多人来请马云做翻译,马云做不过来,便于 1992 年成立海博翻译社,请退休老师做翻译。海博第一个月全部收入 700 元,房租就花掉 2400 元。为了生存下去,他一个人背着个大麻袋到义乌、广州去进货,翻译社开始卖礼品、鲜花,以最原始的小商品买卖来维持运转,同时又开办夜校。两年间,马云不仅养活了翻译社,还组织了杭州第一个英语角。初次下海给马云的感受是:"我一直的理念,就是真正想赚钱的人必须把钱看轻,如果你脑子里老是钱的话,一定不可能赚钱的。"

1995 年初,马云作为翻译来到洛杉矶沟通落实一个高速公路投资项目,未果。马云便从洛杉矶飞到西雅图找他在杭州电子工学院认识的外教比尔。很早就接触互联网的比尔领马云去西雅图第一个 ISP 公司 VBN 参观。

来到 VBN,公司的情景让马云眼界大开,两间很小的办公室,猫着 5 个对着屏幕不停敲键盘的年轻人。公司的人帮马云打开 Mosaic 浏览器,键入 Lycos.com,对马云说:"要查什么,你就在上面敲什么。"马云在上面敲了个 beer,搜索出了德国啤酒、美国啤酒和日本啤酒,但是没有搜到中国啤酒。马云又敲了 Chinese,出现是 no data。VBN 公司的人告诉马云,要想被检索到,必须要在互联网上做(有)主页。

后来马云请对方给他的海博翻译社做了个主页。主页做成的当天晚上,马云回来便收到 5 封来信,来问翻译价格,其中一封来自海外的华侨,是个留学生,他对马云说:"海博翻译社是互联网上第一家中国公司。"马云感到了互联网的神奇和里面蕴含的商业机遇,他和 VBN 公司约定:对方在美国负责技术,自己到中国找客户,一起来做中国企业上互联网。

马云看到了一条互联网的河,现在,他要去询问松鼠和老牛们了,然后去决定他是否能游过这条互联网的河，而且，他自己不会游泳，他还得带上几个会游泳的队员一起过河。

1995年3月夜，马云请来24位朋友，到他西湖边的家里一起聊聊，这些人是他4年来在夜校教书时认识的做外贸的人士，他想听听这些朋友对互联网是否有需求。那晚，马云整整讲了两个小时的互联网。马云讲完，朋友们问了几个问题，马云都没答上来。其中23个朋友劝马云："你开酒吧，开饭店，办个夜校，都行，就是干这个不行。"只有一个人支持说："你要是真的想做的话，你倒是可以试试看。"这个人叫宋卫星，后来成为中国黄页的股东，但是很快就撤出来了。当时，互联网太神秘了，很少有人能看到其中的价值。

马云并没有听从他们的劝告，不久就向学校辞职，找亲戚朋友凑足几十万元来注册公司。要成立互联网公司，不可能没有相关的技术，但当时懂互联网、懂计算机的人在中国不是很多，马云第一个就想到了原工作单位的计算机教师何一兵。何一兵算得上是一个极客，1994年年底就接触互联网，是浙江省乃至全国最早接触互联网的那一批人，也是CFIDO上面的成员，是个对互联网技术有感觉、有领悟的高手。

1995年4月，杭州海博电脑服务有限公司成立。三名正式员工：马云、马云夫人张瑛和何一兵。何一兵算技术入股，加上前文提到的资金入股的宋卫星一共4个股东。何一兵和宋卫星两人股份都不多，各占10%，剩下的股份全是马云和他夫人的。1995年5月9日，中国黄页上线，马云开始从身边的朋友做生意、拓展业务。马云的方式是，先向朋友描绘互联网怎么好的蓝图，然后向他们要资料，再将资料快递寄到美国，VBN将主页做好，打印出来，再寄回杭州。马云将网页的打印稿拿给朋友看，并告诉朋友在互联网上能看到。中国黄页当时的收费标准是，一个主页3000字外加一张照片，收费2万元，其中1.2万给VBN公司。

这里，马云的判断是什么？颠覆常规的理性思维。首先，马云看到了实际的效果，海博翻译社上网当天就得到 5 个询价，他认为这能给很多做生意的人带来生意，这就是商业价值，这是支持马云做下去的关键。时至今日，无论马云是推出诚信通，还是限制淘宝赢利，其出发点都是考虑能否给真正做生意的人带来生意，这是马云生意持久的命门。其次，马云征询了大多数外贸人士的意见，虽然得到的是不支持，但是从反方向来看，说明这是一个新鲜事物，新商机，没有竞争对手。最后，马云看到，大多数人的反对并不是基于对互联网的了解，不是基于事实的判断，而是基于感觉的判断。这点，对于有独立思考的马云来说，没有杀伤力，不会影响他的判断。

很多人说马云是个善出奇招的人，他的天马行空成就了他的事业。我倒是这样认为，他只是一个具有颠覆性思维的人，一个没有被惯性天花板束缚的人。因为学习英语、从事英语相关职业的缘故，让马云早年就接触了国外的东西，发现了某些国内外的不同，养成了他独立思考、理性分析的习惯，并具有国际视野，他的颠覆其实顺理成章。颠覆其实是他回归到"常识"的能力，不被人云亦云的各种表象和宣传所迷惑。

在今日中国，这种常识能力尤为可贵，何谓常识？《现代汉语词典》解释为：普通知识。曾记得有这样一则幽默故事：有一次，一个佛学院学生问他的老师："大师，什么是智慧？"大师答道："智慧就是：饿了，吃饭；冷了，穿衣；困了，睡觉。"这位大师所说的智慧实际上是常识。我们常常缺乏对常识的重视，这听起来好像是开玩笑，不过，你若仔细琢磨一下就会发现，我们很多失误恰恰是由于不尊重常识造成的。比如说，天上不能掉馅饼，这是常识。可时下，有多少人相信了天上果真会掉馅饼，上当者前赴后继，人员众多。何以至此，其实骗子们手段尽管千差万别，但其要点是如出一辙的：制造天上掉馅饼的神话。你不相信，他毫无办法，你若相信了就落入圈套。诸如违反常识的"政绩工程"、违反常识的发展目标、违反常识的统计数字、违反常识的瞎指挥、违背司法常识的判决,等等。实际上,人犯错误往往不是因为缺乏高深理论,而是由于无视常识、不尊重常识造成的。

导致违反常识的原因很多,诸如唯上、唯书的思维模式,盲目崇拜、从众随大流的心态,贪心不足、不劳而获的习惯等。但更多的是对常识视而不见,或是有意绕过常识。此类无视常识的思想,则从人们对并不存在之物的自欺欺人式的赞美,直到我们熟知的"水变油"、"养生张大师"、"亩产几万斤"之类的伪知识上得到了充分的体现。这些"知识"之伪并不在于它们否定了常识,而在于它们根本无视常识。人们明知其不可,但就是随声附和,一如安徒生笔下那些人齐声赞颂皇帝"新衣"的美丽。

一个人要尊重常识、顺应常识,其实也有一定的难度,尤其是在名利面前,马云在中国黄页上也面临了这样的常识性抉择。1995 年年底,经过 8 个月的苦苦打拼,马云公司的账目已经接近平衡,营业额已经突破 100 万元。但是恰恰在此时,马云的"中国黄页"在一夜之间冒出来了许多"敌人"。那时与马云竞争最激烈的当数杭州电信。杭州电信和中国黄页同在杭州,"一山不容二虎"。中国黄页同杭州电信相比,后者有着非常好的社会资源和政府资源,而马云却一样都没有。杭州电信利用中国黄页(chinapage.com)已有的名声,做了一个名字很接近的网站,也叫"中国黄页"(chinesepage.com),借以分割马云"中国黄页"的市场。马云面临一个抉择,要么跟杭州电信正面一战,要么跟其合作等待收编。后来,马云经过分析,放弃这个正热的事情,套现走人。选择套现走人马云分析了其中的常识。回顾马云当初向 24 个朋友征询意见时的场景,当时,在众人不了解和反对的情况下,他依然坚持自己的判断,并快速进入;而当挟资本与资源优势的大鳄进入这个市场的时候,他能清醒地套现走人。这些判断仍然是基于常识。小马已经趟过了互联网的河,并且赚到了他互联网创业的第一桶金!

案例3·3小时卖205辆奔驰

2010年9月9日,网商大会前一天,淘宝推出奔驰smart硬顶车团购。对于长期依赖传统销售的汽车行业,网络团购汽车这一消息一公布,就引起热烈的讨论。有人诧异地说:"这岂不是天方夜谭!"可是让人大跌眼镜的是,这次网络团购竟然受热烈追捧,24秒售出第一辆,6分钟售出55辆,3个小时后205辆奔驰smart全部告罄,原定持续21天的活动提前结束。3小时卖205辆奔驰——这是团购网站中最高单价、最快成交的纪录。

"要知道,奔驰smart线下一年的销售也就是500辆。这件事把奔驰的经销商全部雷倒了。"一位亲历此事的人士说。次日,刚刚蛇吞象吃下沃尔沃的吉利汽车董事长李书福,意外亮相网商大会,登台发表万言演讲。最后表态称,吉利正酝酿通过网络销售汽车。

这就是颠覆的威力。淘宝上已经有接近100个上亿资产的卖家。一种"海量"的正式崛起,海量的网购消费者。根据中国互联网络信息中心《中国互联网络发展状况统计报告》,截至2010年6月,中国网民规模达到4.2亿,网购用户规模达到1.42亿,上半年网络零售交易额为2118亿元,同比增长105.4%;预计到2010年底,网络零售交易额将有望突破5000亿元。预计到2015年我国网民规模将达到8亿,网购消费者规模将达4亿。海量的网购消费者拥有着海量的个性化消费需求,网络购物成为中国"主流经济"体系中不可缺少的一部分。

据相关数据透露,淘宝网在2010年8月的一天里完成的交易额就达9亿元。在一分钟之内,淘宝网上至少可以卖出969件服装、203双鞋、164件饰品。淘宝网正在逐步地颠覆传统规则。据淘宝网内部人士透露,在服饰领域,一度卖得最火的品牌，竟然是九牧王，其销售量远远超过了杰克·琼斯。这种颠覆到底能有多快？创意家居品牌百武西在 2009 年 2 月才进驻淘宝，2 个月营业额就突破了 10 万，2010 年 5 月，其单月销量已突破百万；这么短的日子达到这么高的销售量是传统渠道不敢去遐想的。2008 年，摩登小姐品牌创始人吴芳芳面对巨大的库存压力，被"逼"上网。可只用一年时间，她轻轻松松地出掉了库存，同时做到了淘宝网童装销售冠军。马云创建的淘宝网正在几何式地颠覆传统商业规则，颠覆传统商业市场。

哈佛商学院教授克里斯坦森(Clayton Christensen)曾经提出著名的破坏性创新理论，颠覆正是一种破坏性的创新。克里斯坦森教授提出：创新有两种类型，一是维持性的创新，即向市场提供更高品质的东西；二是破坏性创新，即利用技术进步效应，从产业的薄弱环节进入，颠覆市场结构，进而不断升级自身的产品和服务，爬到产业链的顶端。

实现破坏性创新必须具备三个条件：

1. 是否由于新技术发展，使得应用这样的产品和服务变得更加简便？

2. 是否存在一些人愿意以较低价格获得质量较差但尚能接受的产品和服务？

3. 该项创新是否对市场现存者都有破坏性？

马云的淘宝网引领的这种颠覆正好符合上述三点。我们不知道淘宝网颠覆传统的威力到底有多大，我们唯一能知道的是一旦破坏性产品在新的或低端市场上确立了自己的地位，由于技术进步的速度远远超过了消费者使用技术的能力，因此以前尚不够好的技术最终得到充分改进，并与更挑剔的消费者的需求相符。当这种情况出现后，破坏者就能最终征服市场在位者，而淘宝网正是一个破坏者。

本章启示

独立思考，善用常识

在一次欧洲篮球锦标赛上，保加利亚队和捷克斯洛伐克队相遇。在比赛剩下8秒钟时，保加利亚队以2分优势领先，一般来说这已稳操胜券。但是，那次锦标赛采用的是循环制，保加利亚队必须赢球超过5分才能取胜。可要用仅剩下的8秒钟再赢3分，谈何容易？

这时，保加利亚队的教练突然请求暂停。许多人对此举付之一笑，认为保加利亚队大势已去，被淘汰是不可避免的，教练即使有回天之力，也很难力挽狂澜。暂停结束后，比赛继续进行。这时球场上出现了众人意想不到的事情：只见保加利亚队拿球队员突然运球向自家篮下跑去，并迅速起跳投篮，球应声入网，捷克斯洛伐克队赢得2分。这时，全场观众目瞪口呆，全场比赛时间到。当裁判员宣布双方打成平局需要加时赛时，大家恍然大悟。保加利亚这出人意料之举，为自己创造了一次起死回生的机会。加时赛结果，保加利亚队赢了6分，如愿以偿地出线了。这是一次多么美妙的颠覆啊，另辟蹊径，化腐朽为神奇，在似乎绝望的困境中寻找到希望，创造出新的生机，取得出人意料的胜利。

很多人认为颠覆是一件复杂的事情，要打破自己原有的观念很痛苦，就好像是亲手在捏碎自己的心。实际上，颠覆并不是件很复杂的事，就像马云一样，可能不需要很高的学历，也不需要很精深的专业技能，需要的，仅仅是从思想改变开始，或许你仅仅是需要一些独立思考、对常识的尊重和向习惯性思维说 No。

1. 要独立思考

颠覆性的思想培养从独立思考开始。独立思考能带来什么？独立思考将带来无穷无尽的机会。将思维与习惯性思想的来源相隔离，遇到问题，不要一开始便从电脑上或者是去图书馆找答案，先自己想想。你尽管不能与世界相隔绝，但是你可以通过限制习惯性观点的摄入量来增加你独立思考的量，同时将自己浸于与自己现有观点矛盾的经历中，你可以主动寻找与自己的观点不一致的经历，它们可能存在于外国文化、不寻常的亚文化中，或是在你不赞同的书中。这一点可以这样看，它不是让你接受一个装思考的新火车，而是荒废掉习惯性思考的铁路。用旁观者的眼光来看进程，把你的平常生活抛在脑后，从另一个角度看问题，练习质疑，尝试养成本能的质疑习惯性观点的习惯。但不要成为犬儒主义者，不要认为那些"真理"是不证自明的，只有当自己确信在逻辑的后面还有事实来支持它们之后，再做出判断。

独立思考，是我们能够颠覆某些"假象"，用实践去检验真理的根本。如果我们只知道盲从，看到广告就相信，听到一面之词就义愤，分辨不出什么是事实，什么是宣传，人云亦云，那是不可能有能力去"颠覆"的。

2. 要尊重常识

春雨过后，农夫播种的黄豆扛着斧头般的豆瓣破土而出。离黄豆地不远有一块玉米地，地里长着一棵黄豆苗，那是农夫播种时不小心遗落的。

玉米地里的黄豆环顾了一下四周，看了看离它不远的同伴，自豪地说："如果你们是鱼眼睛的话，我肯定就是那颗最耀眼的明珠了，要不，主人为何把我和尊贵的玉米种一块呢？"它的同伴不说一句话，努力地吸收着阳光，汲取着雨露。

"哈哈，如果你们是一群鸡，我理所当然就是那只最美丽的鹤了！"过了一段时间，它见自己比同伴高半个头，旁若无物地说。旁边地里的同伴似乎什么也没听到,扎扎实实地把根往深处延伸。

"我要赶超那片棉花苗!"玉米地里的那棵黄豆越长越高,它已经不屑和同伴比了。于是,它缠在一棵玉米身上不断往上攀爬,过了几天就真得比棉花还高了。此时,它的同伴已经开出白色的小花,结出毛茸茸的小豆荚了。

"你是黄豆,该开花的时候开花,该结果的时候结果,你爬在我身上比同伴高,比棉花高,那也不代表你的价值就比它们大!"那棵被缠绕的玉米不堪重负,告诫它说。

"不要胡说,小麻雀怎么知道雄鹰的志向,等我和路边那棵杨树一样高了,我就开花结果!"它带着鄙夷的口气反驳道。又过了一段时间,它的同伴已经密密麻麻结满了鼓鼓的豆荚,太阳一晒,黄色的叶子纷纷脱落,露出金黄的豆壳。

一天,农夫拿着镰刀来到了地里,看见了玉米地里的黄豆,长得跟野藤一个样,又没有结豆荚,便弯腰把它连根拔起,丢在路旁任由路人踩踏。

玉米地里的黄豆很伤心,它想不明白,为什么自己长得比其他黄豆苗高,反而被拔了出来呢?这棵黄豆苗哪里知道,"黄豆就是要结黄豆,光有细细的身高不开花不结果,浪费种子吸收土地的养分不说,更可恶的是几乎祸害一棵好好的玉米!"任何颠覆的思维都是在遵循常识的规律下进行的,超出常识的思维就会缘木求鱼、画饼充饥。

3. 向习惯性思维说 No

奔驰 smart 线下一年的销售也就是 500 辆。淘宝只用了 3 个半小时,205 辆奔驰 smart 就全部告罄,这显示了网购颠覆传统的无穷魅力。颠覆思维的培养还需要向习惯性思维说 No。惯性思维是很难培养出颠覆思想的,惯性的思维其实才是真正的懒人。美国心理学家曾做过这样一个实验:把对照狗放进笼子里,不关笼门,给笼子通电,遭受电击的狗疯狂地夺门而逃。再把实验狗放在笼子里，同样关上笼门，给笼子不断通电，这只狗不停地狂跳狂吠，但却逃不掉。最后，把笼门打开，这只狗竟然不再逃跑，放弃了尝试，只是匍匐在地上哀鸣。这只实验狗最后的表现是一种习惯性思维导致的自我放弃，来自外界的不断电击使它断定自己在劫难逃，最后不再去尝试是否有逃掉的可能性。由此可见，要颠覆，向习惯性思维说 No 是多么的重要。

第二章

颠覆的动机是梦想

把梦想变成蓝图

"在上市的前一天,我把阿里巴巴全体员工集中在一起,这些人现在最少的都是百万富翁。我问他们,你们为什么这么有钱。我问我自己为什么这么有钱。是因为我们比别人勤奋吗?我自己感觉比我们勤奋的人太多了。是我们比别人聪明?我看更不靠谱。以前从来没有人说过我聪明。小学我读了七年。高考考了三年。后来考了师范学院,专科,当时大学少男生,我'转'成了本科。我曾应聘了很多的工作,第一年我差了18分高考失败,那年我大约在杭州应聘了10份工作,没有一个单位要我,最后我去踩三轮车干了两个月。所以一路走来,我并不觉得我聪明。"对于成功的原因,马云并不认同说他勤奋和聪明。

成功是一个小概率事件。即便阿里巴巴发展非常顺利,但马云还是很清醒地意识到,其成功在很大程度上归功于"运气"。他说:"我们不是最聪明的,也不是最勤奋的,但我们走到了今天,很大程度上归功于运气。"这既是自谦之言,也是一个事实。他还说,创业如同攀岩,一开始有100个人从山底出发,一路上有95个人悄无声息地消失了,还有4个人会在登顶之前惨叫一声,掉下深谷,只有 1 个人能够成功登顶。我们听到了 1 个人在大谈成功经验,却没人注意到那跌入深谷的 99 个人。

创业的时候,最艰难的莫过于生存了。常听人讲,外国人创业跟中国人创业不同,外国人创业,就算失败了,仍然衣食无忧,一方面是社会保障做得好,一方面是人家生活水平也高;不像中国人创业,要是失败了,吃饭都成问题。所以创业最大的问题,往往是生存问题,企业的生存和个人的生存。一旦解决了这个问题,实现持续赢利了,就可以说创业基本成功。

创业者通常都很有激情,激情和理想主义这是创业者的一个必要条件,如果没有这两者,他们通常不会去创业。但很多创业者以为,激情就是创业的全部,这就错了,激情和理想主义只是创业的第一步,接下来的事情就是一步一步把理想落实为行动,将刹那的激情变为持久的专注。没有行动的激情是廉价的,也是不能持久的。创业者是理想主义者和现实主义者的结合。没有理想主义,创业者不可能走太远;如果没有现实主义,这个企业更不可能活下来。

很多人谈到马云,都会讲当初多么没有钱,好像是穷得不行了还坚持革命,完全靠着激情支持着整个企业和团队,现在也有不少老板以此来激励团队,要求下属。事实上马云创办阿里巴巴之初,中国黄页拿到了钱,那笔钱就算在今天看来也不是一个小数字;第二,大家都是拿剩下的钱来创业,拿闲钱来创业。这一点,倒不是像很多人那样逼上梁山地去创业,手上有粮,心中不慌,所以,有些原则是守得住的。马云完全是有计划、有步骤地去实现他的想法。由此,阿里巴巴是一个创业的好范本。

1999 年,马云其实已经不缺钱了,至少是不缺吃饭的钱。在那个年代,外语教师这个职业,算是比较有钱的职业了;同时,他开了一间翻译社,又做夜校老师,因此马云有多个渠道的收入来源。再下来,办中国黄页时,他已经买了套上百平方米的房产,按照今天的话来说,已经脱离了蚁族和蜗居的时代。即使后来在外经贸,虽然不是公务员,但是也享受着公务员的待遇,但如此安逸闲适的生活,为何马云还要出来创业呢? 其实他想要的并不是这些,马云心里拥有梦想,正是梦想促使了马云的创业,也正是梦想成就了马云颠覆的动机。

毫无疑问,梦想是一个人最大的动力。马云说过:"作为一个创业者,首先要给自己一个梦想。1995 年我偶然有一次机会到了美国,然后我看见了、发现了互联网。我对技术几乎不懂,到目前为止,我对电脑的认识还是部分停留在收发邮件和浏览页面上。但是这并不重要,重要的是你到底有什么梦想。"

1999 年大年初五,马云趁春节放假大家都回杭州的机会,把十几个朋友拉到他家开了一次创业动员会。阿里巴巴副总裁、"十八罗汉"之一的金建杭后来回忆道:"马云主讲,其中讲到三点:第一是将来要做持续发展 80 年的公司;第二是要成为全球十大网站之一;第三就是说只要是商人,一定要用阿里巴巴。这三点目标已经成为公司的远景目标。"

金建杭对着阿里巴巴创业之初的照片说道:"你们看看照片里大家眼神是怎么样的,都是迷茫的、空洞的。"之所以迷茫,金建杭分析:"因为我觉得对我们这十多个人来说,提出做 80 年的公司,这个目标好像跟我们没有关系,离我们那么远! 说全球十大网站,打死也没有人相信,就凭十多个人,你要做全球十大网站? 人家可都是几十亿美元投入,所以也觉得路比较远。'只要是商人就要用阿里巴巴',这个比较舒服,但这个也是永无止境的目标。"

在阿里巴巴 5 周年庆的时候,马云又提出了一个新的目标:阿里巴巴要做102 的公司,诞生于 20 世纪最后一年的阿里巴巴,如果做满 102 年,那么它将横跨三个世纪,阿里巴巴必将是中国最伟大的公司之一。

曾有记者问马云,未来 10 年的梦想是什么? 马云的答案是:"未来 10 年,阿里巴巴的目标是打造新的电子商务文明，希望能为世界1000万中小企业打造生存和成长的信息平台，为全球10亿人提供电子商务消费平台，相信未来30年都将是电子商务的快速发展期。"你可以说马云的梦想是春秋大梦，也可以说他是豪情万丈，敢用思想照亮脚步；但最关键的是，马云明确自己的梦想，并为这一梦想而切实努力着、奋斗着，直至成功为止。

很多人因此说马云成功源于他有梦想，并不停去"忽悠"，把梦想变成现实。这种看法有一定的误导性。梦想是什么，其实换一个角度，我们发现，我们都误读了"梦想"，梦幻空间谁没有？梦想谁没有？为什么马云的梦想就成功了，就能变成现实，而大多数人的却没有，还在梦幻空间呢？

综观马云其人，不同人的看法是存在争议的，崇拜他的人喜欢他的激情四射，口吐莲花；批评他的人说他张嘴就来，蛊惑人心，言行不一；追随他的人说他胸怀远大，意志坚定；反对他的人认为他就是一个大忽悠，说的比做的多得多。但有一点是共同的，那就是这个人知道怎么样团结人，拿他的对手的话来说，他知道怎么样收买人心，知道怎么样给他的追随者洗脑。关于马云，最精到的评价是，这个人怎么像做传销的；有些像，但还好不是。

我认为，马云所拥有的，那不应该称之为"梦想"，而只是一种平常心。这种平常心是浙江人天生的一种经商精神。也正是这种与生俱来的精神造就了18世纪的宁波帮，造就了"无宁不成市"。同时，这种精神也造就了浙江悠久的民间经商的历史。这种商人的精神如果非要去放大，不妨说成是"执著的梦想"，这种梦想是内心真实地认为可以实现的"梦想"，身体力行去做的事。因为在马云心里，以及很多成功者那里，对未来的描绘，看上去充满激情，其实与激情无关，而是他们真心地这么认为——只要做了，自然就水到渠成，这不是成功学，而是平常学。因为这种"梦想"，不是演出来的。

事实上，马云对成功学并不热衷，他说："成功学课程听一两次可以，听四次、五次，这人就被废了。"他的建议是，"少听成功学，多听失败学"。

如果你真的认为梦想可以帮人成功的话，那么你试试看，每天梦想多少遍，你一样还是在原地。因为你的梦想，是演出来的，你的梦幻空间只是一个小憩，醒来一切如常。我们经常过高估计自己一年能做成的事情，而更经常的是低估自己十年能做成的事情。

梦想，马云的确有。CPO彭蕾说起那一年，在马云家徒四壁只有几张凳子的家里开第一次员工大会，马云跟他们说他的梦想，要做一家中国人自己创造的世界上最伟大的公司。马云的"梦想"其实不复杂，如果我来说，我更愿意把这描绘成"工程的蓝图"，即便这个蓝图经常会修改，它也仍然是蓝图，正因为是蓝图，早晚有一天会变成广厦。千万别以为，激情和梦想能让你成功，只有蓝图能让你成功，哪怕最简陋的蓝图。

马云没有说出来的那句，其实是，把梦想变成你的蓝图。

案例 1·激情燃烧的岁月

"人永远不要忘记自己第一天创业时的梦想。"1995年，当马云投身互联网并到处推销他的"中国黄页"时，曾被当成骗子。当他说要在5年内使阿里巴巴打入世界互联网前10强时，人们把他当成狂人。他的很多言论在当时都被认为是梦话，而恰恰是这些别人觉得不可能做成的事，却被这个身材矮小但充满激情的男人干成了！时至今日，马云回想起当初的经历时，总是把自己的成功归结于对最初梦想的坚持。

1997年初，在得到外经贸部进京成立中国国际电子商务中心（EDI）的邀请后，马云决定放弃中国黄页。他将自己所持的21%中国黄页以每股两三毛钱的价格贱卖给了公司,拿回10多万元。当时中国黄页账上还有107万元资金,40多万元应收款。马云带着自己的创业班子,北上建立国家经贸部中国国际电子商务中心的MOFTEC网站。

马云称:"在这之前,我只是杭州的小商人。为国家工作,我知道了国家未来的发展方向,学会了从宏观上思考问题,我不再是井底之蛙。"外经贸部给了中国国际电子商务中心200万元启动资金,还说给马云他们30%股份。马云很兴奋地从杭州带了5个兄弟北上,6个人租了一个20平方米的房间,连续苦干了15个月。外经贸部官方站点、网上中国商品交易市场、网上中国技术出口交易会、中国招商、网上广交会和中国外经贸等一系列网站全干了出来。网上中国商品交易市场是中国政府首次组织的互联网上的大型电子商务实践,净利润做到了287万元。事情做出来了,但马云们的股份在体制内却很难落实。"我们那时候就拿几千元一个月的工资,其他什么也没有。"

1998年底,马云决定离开外经贸部,因为一个巨大的梦想诞生了。

当时,在离开外经贸部EDI回杭州的决心下定后,马云和跟随他从杭州来北京打拼的兄弟们说:"我近来身体不太好,打算回杭州了。你们可以留在部里,这有外经贸部这棵大树,也有宿舍,在北京的收入也非常不错;你们在互联网混了这么多年,都算是有经验的人,也可以到雅虎,雅虎刚进中国,是家特别有钱的公司,工资会很高,每月几万块的工资都有;也可以去刚刚成立的新浪,这几条路都行,我可以推荐。反正我是要回杭州了。"

接着马云又说:"你们要是跟我回家二次创业,工资只有500元,不许打的,办公就在我那150平方米的家里,做什么还不清楚,我只知道我要做一个全世界最大的商人网站。如何抉择,我给你们3天时间考虑。"

像当年离开中国黄页一样,马云的决定又一次在他的团队里掀起轩然大波,所不同的是这次没人哭。大家讨论时,很多人不能理解马云的决定,也有人坚决反对这个决定。不过,5分钟后,所有人都表达了一个共同的意愿,跟着马云回杭州。

1999年初,夜,大雪,北京小酒馆,马云和18个手下不停地喝酒、吃肉,一直到醉,然后唱《真心英雄》,说长相聚,多开心……天亮了,马云提议爬长城。长城上,终于有人忍不住嚎啕大哭:"为什么我们付出那么多,却什么也得不到?"马云无法回答,他忍住伤心,发誓要建立一个让所有中国人都为之骄傲的网站。马云指着长城上的"张三到此一游",逗趣:"这是中国最早的BBS。"那晚8时,马云和18个手下跳上北京开往杭州的列车,挥手南下……

其实这一幕情景几乎每天都在中国大地上演,所谓人生失意之事十常八九。失望,义愤,抱负,肝胆,沮丧,激情,悲欢离合,这一刻应该是很多千古名句诞生之时。例如:今日长缨在手,何时缚住苍龙? 或者是:会挽雕弓如满月,西北望,射天狼。更可以是:醉里挑灯看剑,梦回吹角连营。然而,马云只想出一个BBS。如果说才华,马云并不是凤毛麟角,在我所认识的人中,才华横溢者有的是。然而,却只有马云,能从一个简单至极的BBS做出一个震烁古今的阿里巴巴帝国。

1999年2月21日,杭州湖畔花园马云家。摄像机在进行全程录像。马云妻子、同事、学生、朋友,18个人或坐或站,围绕着他们的首领马云。

马云将手一挥,"从现在起,我们要做一件伟大的事情。我们的B2B将为互联网服务模式带来一次革命!"马云掏出身上的钱往桌上一放,"启动资金必须是pocket money(闲钱),不许向家人朋友借钱,因为失败可能性极大。我们必须准备好接受'最倒霉的事情'。但是,即使是泰森把我打倒,只要我不死,我就会跳起来继续战斗!"

马云讲疯了,他讲得酣畅淋漓,痛快淋漓。他终于讲明白了4年来一直在讲的互联网。马云先讲新浪走势,后讲自己的前途。"现在,你们每个人留一点吃饭的钱,将剩下的钱全部拿出来。"另外,"你们只能做连长、排长,团级以上干部我得另请高明。"

根据马云"不得向亲戚朋友借钱"的指示,后来被称为"18罗汉"的创业者们凑了50万元本金。办公室设在马云家里,最多不过35个人。马云规定,员工必须在他家附近租房,确保5分钟可以到公司。工资大家都一样,每月500元,10个月内没假期。"发令枪一响,你不可能有时间去看对手是怎么跑的,你只有一路狂奔。"马云要求员工每天工作16~18小时,困了就席地而卧。干得太辛苦,马太就下厨为大家做几道菜。

《亚洲华尔街日报》总编曾在当时去过阿里巴巴,看到这样的情景:"没日没夜地工作,屋子的地上有一个睡袋,谁累了就钻进去睡一会儿。"他笑称:"阿里巴巴是中国电子商务的阿里妈妈。"

现在回头去看阿里巴巴保存的这段录像,会觉得很有意思,马云慷慨陈词:从现在起,我们要做一件伟大的事情。我们的B2B将为互联网服务模式带来一次革命!

1999年是中国互联网的第一波高峰时期,有经验的互联网从业人员是稀缺资源,很容易找到高薪工作。与500元相比,月收入上万还是很有诱惑力的。至于为什么这些人会一致地选择跟随马云南下,马云日后的一次内部讲话多少能说明一些问题:"现在互联网江湖很昏暗,谁也不知道未来是什么,这个时候你可以去找一份收入不错的工作,但很可能你几年后还得换地方。现在我们用一支团队的力量在这片江湖里拼杀,十几个人在一起还有什么可怕的,拿着大刀片子往前冲即可。"

财经作家郑作时对此感慨:这一团队和马云之间建立了超越利益之上的联系——既然几万元的月薪都可以放弃,那还有什么力量可以让他们分开。

我相信,马云 18 罗汉创业的故事,已经是很多人耳熟能详了。虽然马云很在意这个历史时刻,甚至早就准备了全程摄像,但是,我认为这或者只是马云激励团队的策略之一。

说实话,很多历史怎么开始的已经不再重要,就像《盗梦空间》里说的,很多梦境你已经记不清是从哪里开始的。当然,也许是历史悠久的原因,中国人尤其喜欢形式主义,联想丰富,甚至于有些迷信。所以,大多数人仍然把这些经典情境当成是成功的基石,就像一幕幕各种山寨版的大戏,只是一遍一遍地重演表情和动作,结果只有一个盖世英雄的前奏,个个都没有猜到那个结局。

慷慨陈词,谁都会。尤其是有点钱之后,谁都想爽一下。这就是以上这些作为成功镜头的危险之处。就像马云说的,"钱,只是一个结果。梦想与激情,也只是一个前戏"。如果没有此后 10 年的打拼,前戏也仅仅只是前戏而已,创业远没有这么简单,在整个创业的过程中,随便哪个小闪失,都足以让这个脆弱的团队分崩离析。

关于梦想和坚持,马云有一篇以《梦想和坚持》命名的演讲,在这篇演讲中,我们可以很清楚地体会到,马云其实是阿里的造梦师,当然他也把这些梦想一一实现,这些梦想就是马云颠覆智慧的源头活水。

案例 2·马云不是一个缺钱的人

蔡文胜说,在欧美西方国家,看一个人是不是很富有,不是拥有多少的钱,而是要先拥有健康,然后有空闲时间,有刚好够用的钱,能做一些自己喜欢的事情,这才是真正拥有财富。马云应该算是先富起来的那一批人,不是一个缺钱的人,同时,又在做自己喜欢的事情,按照欧美的标准,马云其实很早就拥有财富了。

别把马云当成一个普通创业者,他也许是一个草根创业者,但绝不是一穷二白。创办阿里巴巴的时候,这已经是他第四次创业,经历了翻译社、中国黄页、外经贸部之后,马云已经相当得成熟,此时他的江湖地位也不同寻常。如果允许我们用发展的眼光来看的话,马云的颠覆智慧,在阿里巴巴的阶段,将初露锋芒并臻至炉火纯青。启动资金必须是 pocket money(闲钱),不许向家人朋友借钱,因为失败可能性极大。我们看此时的马云,无论域名、商业模式还是实现方式,都已经胸有成竹,有着自成一体的判断。

alibaba.com 域名是马云 1998 年底在美国餐厅吃饭时突然想到的,他随即问餐厅侍者,知不知道阿里巴巴。侍者笑了:芝麻开门! 马云跑到街上又问了几个人,回答都是:芝麻开门。"从我外婆到我儿子,他们都会读阿里巴巴。""世界上几乎所有语言中的发音都是'a-li-ba-ba',也就是说全世界的商人都可以没有困难地接受我们网站的名字。"马云最终从 100 多个名字中选择了阿里巴巴。

商业模式是现成的,在外经贸部就探索出来的。网上中国商品交易市场净利润 287 万元,从实践上证明这个市场的存在和这个商业模式的坚固健康。

当时,中国对外贸易通道主要靠"广交会"、国外展会或者依托既有的外贸关系,还很大程度上受控于香港贸易中转。入世在即,很多中国中小企业迫切需要自主控制的外贸通道。马云认为阿里巴巴借助互联网能够而且应该肩负起这个使命。

实现方式,马云坚持用 BBS。"只要能发布供求信息,能按行业分类就行。"其他人不同意,拍着桌子和马云吵。马云拍拍自己脑袋,还是认为自己对。"阿里巴巴用户是不怎么会上网的商人,一定要简单。"

1999 年 3 月,马云在外地发电子邮件要求手下立即完成 BBS 设计,手下还是不同意。马云怒了,抓起长途电话,尖叫:"你们立刻、现在、马上去做! 立刻! 现在！马上！"他真想立马飞回去，猛拍他们脑袋。

2002年的广州很多地方还是拨号上网，那时白领交友网站也比较流行，华南一个最著名的交友网站就是用的那种BBS，而且人气很旺。后来据说进行了改版，改得更为先进之后，反而人气大减。主要是因为改版后，增加了很多版块，人气分流，而且改版后使用起来没有那么容易了。而马云在1999年就能发现这个问题，并没有向技术人员低头，坚持用BBS，这是他独立思考的结果。虽然他已经能将互联网讲得比较清楚了，但他深知他的客户群并没有他这样的水平，尤其是即便他自己，也花了相当长时间才能搞明白互联网，而这对于他的客户来说，无疑是相当高难度的事。

技术越高越好吗？这在马云这里被颠覆了。

几乎在阿里巴巴刚出现之时，顶级的国际商业媒体就注意到了它的动向。关于这个网站，最早的报道来自美国《商业周刊》。"他们说有人在我们这个网站上发布消息，说可以买到AK-47步枪。这消息把我们吓了一跳，可是我们找遍网站所有的消息也没有找到这条买卖信息。"马云这样回忆道："按说也不可能，根据以前的经验，我们知道互联网最大的问题在于可信度，所以从一开始我们就立下规矩，对所有在阿里巴巴上发布的信息都经过人工编辑，这规矩从免费会员时代一直坚持到现在，因此我相信这样的信息是不可能存在的。不过像《商业周刊》这样的杂志一报道还是把我们吓了一跳，因为它很少乱讲话。"

在阿里巴巴的档案库里已经无法找到这个《商业周刊》的报道，因此我们只能凭借马云的回忆来做这样的描述。不过客观事实是，当时国外媒体的报道确实很多，这造成了阿里巴巴当时在国外的声望不小，进而给阿里巴巴带来了很多投资者。

不管钱而且已经快没钱的马云似乎并没有把资本看得很重。阿里巴巴的现任副总裁彭蕾回忆了这样一个与投资人谈判的场景：1999 年 7 月的一天，马云在湖畔花园那个房子的客厅里接了个电话，用眼睛看了看正在公司的人，对她说："你和我一起出去一趟好吗?"

于是他们就一起走了。到了外面彭蕾才知道，马云和她是要去见投资人。但是她和马云一样没什么准备，她带了一个普通的本子，马云干脆什么都没带就过去了。

彭蕾已经记不得那个公司叫什么名字了，只记得他们是从上海过来的，是那个投资公司上海办事处的经理。当时过来的一共有 3 个人，住在杭州的世贸饭店。他们已经到过湖畔花园阿里巴巴的地方，了解了阿里巴巴在做什么，也回去做了汇报。这些投资人手里是有权限的，在得到老板的原则同意后，他们可以在自己的权限范围内决定是否投资以及投资多少，因此马云和他们的谈判是实质性的，如果双方都确定，资金就可以划过来。

因为双方都已经实质性地了解了对方，所以虽然是上百万美元的谈判，但看起来并没有一个谈判的样子。场地就在投资经理们住的房间，普通的标准间而已。5 个人，她和对方的一个人坐在单人沙发上，马云坐在一张床上，不过他总是喜欢走来走去，几乎也没怎么好好坐下过，他们中的另外两位一个坐在另一张床上，一个坐在写字桌前面的凳子上，就这么进行了整个过程。

例行的寒暄过后，谈判很快进入了实质性的阶段。投资经理们出了一个价，因为投资金额他们是有权限限定的，所以所谓的价钱就是这个金额占阿里巴巴多少股份。他们表示如果马云同意的话，他们可以马上决定。可是马云看来不满意股份比例，他强调阿里巴巴是一个很有价值的东西。言下之意很明白，投资经理们出的钱占不到那个股份比例。谈判进行到这里就有点僵了。于是马云提议停一下，对投资经理们说："我们要出去走走。"

马云和彭蕾下了世贸的电梯，走到旁边的曙光路上。一开始马云默不作声，过了很久，他突然问了一句话："你觉得怎么样？"

"我知道他的这句问话并不是真正咨询我的意见，因为他在这种事情上的主意是拿得非常定的，这时候的问话只不过想缓和一下两个人默默走路的气氛罢了。但我在那时候是管钱的，我清楚地知道阿里巴巴已经没钱了，所以特别想他能让步把钱拿进来。所以就说：'马云，公司账上没钱了。'"彭蕾回忆说。

马云不吭声，又走了一段，说："好了，我们回去吧。"于是他们就回去。到了饭店的房间里，马云告诉对方说："我们认为阿里巴巴的总价值是我们所认为的那个，你们的看法与差距太大，所以我们看来无法合作。"就这样结束了这次谈判。"我记得结束后我们下电梯还是和对方的一个人一起下来的。在电梯里那个人还特别遗憾地说你们错过了一个机会。"

后来马云阐述过他内心对风险投资的要求：除了钱以外，他尤其希望第一笔风险投资还能给阿里巴巴带来更多的东西，比如说进一步的风险投资，比如说其他的海外资源。因此，马云说他总共拒绝了 38 家投资商。

现在我们必须说到蔡崇信了，正是他促成了高盛对阿里巴巴的 500 万美元投资。

蔡崇信的经历使人很难相信他会在阿里巴巴的最早期加入到这个队伍里来。他毕业于耶鲁，在纽约做过两年律师，后来在欧洲一间名叫"INVESTAB"的投资公司亚洲区当投资经理，与马云认识是因为阿里巴巴在找风险投资。

一开始蔡崇信是作为投资人来杭州与马云谈判的，但一谈判就把自己谈进去了。他的太太告诉马云说："我如果不让他来你这里，他会后悔一辈子。"于是这个在香港年收入数十万的经理人于 1999 年 4 月份一晃成为阿里巴巴每月 500 块钱收入的员工。而对于作出如此重大决定的蔡崇信本人来说，这个事情似乎很简单。

"这里有一些做事情的人，他们在做一件我觉得有意思的事情，所以我就决定来了，如此而已。"

对于蔡崇信这个人在阿里巴巴的地位，马云也有过评价："他是专门管与投资人说话的。我有一个重大的涉及股东利益的想法的时候，只要找蔡崇信把话说到他懂就可以了，他会再去找投资人把话说明白的。"

蔡崇信加入阿里巴巴以后，就和马云一起一直在各地为阿里巴巴找投资，虽然1999年对互联网公司的风险投资很多，但似乎马云和蔡崇信中意的不多。

到了8月份，一次在香港，蔡崇信正在为一笔可能的投资奔走的时候，在一间酒店的走廊里碰到了老相识、高盛公司香港区投资经理林小姐。他们是蔡崇信在念书的时候一次从美国回台湾时飞机上认识的，因为是投资银行的同行，所以一直保持着往来。此刻遇见寒暄之下蔡崇信就问林小姐最近在忙什么，林小姐说忙着跑硅谷，因为高盛当时看中互联网，有相当大的投资。

这次的偶遇造就了阿里巴巴的天使基金。

"这里有一个变化，因为高盛在之前是不投资高科技产业的，他们感兴趣的是传统产业，比如说大的制造业。在大中国地区他们投过台湾一间很大的制鞋厂，在晋江地区也有过很大的制造业投资，但没有投资过高科技的东西。"蔡崇信说。于是蔡崇信就问林小姐，有没有可能对阿里巴巴这样的公司进行投资，因为是老相识，林小姐很爽快地答应派人考察。

高盛考察下来对阿里巴巴比较满意，于是就给阿里巴巴开条件。最后决定性的文件是一份传真，当时马云和蔡崇信在深圳，其实也是在找投资，而且已经谈得差不多了。但是他们俩都比较挑，总觉得那个投资人有点不合他们的胃口。就在那天谈完回酒店的时候，高盛的传真到了。

"说实话，当时阿里巴巴对投资人的谈判空间余地比较小。虽然互联网热，但我们当时没钱是个大问题,没有办法对高盛这笔投资的条件进行讨价还价。到后来第二轮融资的时候,我们手里还有很多钱,谈判的余地就大很多。当时高盛的要求比我们正在谈的那家投资人要求来得苛刻,但马云和我商量之后还是决定要高盛的钱。因为,一方面它是美国有名的投资公司,可能会对我们未来在美国开拓市场有些帮助;另外,它的规模大,看事情比较长远。我们大概商量了十多分钟,把这个事情就这么定下了。"蔡崇信说。

这就是接下来很轰动的以高盛为主的一批投行,向阿里巴巴投资500万美元,成为阿里巴巴首轮所谓"天使基金"的消息的全部背后故事。

在阿里巴巴的创业传奇中,得到投资的章节是媒体觉得最为不可思议的一个部分。接下来我们还可以看到,马云用了6分钟时间就"搞定了孙正义",得到了他2000万美元的投资。而孙正义的第二笔投资是他们两个人在洗手间里谈定的。而拿到了所有这些钱以后,马云还可以多少有点得意洋洋地说:"投资者在阿里巴巴只是个娘舅。"言下之意阿里巴巴还可以不唯投资者的意志行事。

话说到这里,我们要摆正马云当初创业的位子。我们发现,马云本人其实已经实现了财务自由。什么叫财务自由,就是不用为下个月有没有工资而操心,不用为吃饭操心。有人说阿里巴巴还约定不能打车呢,现在18罗汉回想起来,对当时能打个便宜的车都很是斤斤计较。我要说,这是两码事,比如你老婆在菜市场跟人家讲个价,争个一分钱两分钱的,能不能说明你家就揭不开锅了呢?

进一步来说,虽然马云曾经拒绝了38家投资商,当然你可以解释为马云坚守梦想,拒绝了他们,而且是在公司几乎没钱的情况下,大多数的媒体也是这么描述的;但是我看来并非如此,想想看,短短几个月时间,就有38家投资商表示兴趣,那么确实马云不需要担心没钱,这跟找工作一样,如果你手中还握着好几个offer,你当然占有绝对的选择权。其实,高盛跟别的投资人并没有本质的区别,都是投资人，都是逐利的，也正是因为对这点的判断，马云才把投资者比成娘舅，才把股东当成客户和员工之后的第三个次序。也许，只是因为高盛来谈的时候，正好阿里的钱真的快花光了，马云真的想要钱了而已。打个比方，你有一套房子，每天都有人来看，并给你出价，你觉得你的房子可以卖个更好的价钱，所以拒绝了前面的 38 家。但当你被磨得不耐烦的时候，或者真的需要钱的时候，这时候，高盛来了，你就跟他成交了，也许，他开的价码还不如前面 38 家其中的一家呢，但是你也成交了，也许跟那个房产经纪有关系，也许吧，谁知道呢！这种事情几乎每个放盘的人都经历过。

所以，说马云不缺钱，除了说他本人实现财务自由外，还有一个意思是说他永远在需要钱的时候不缺送钱来的人。正是有这些财务基础，马云才得以不为五斗米折腰，按自己的意志去打造阿里的明天。

同时，除了自小形成的独立思考和具备商业常识以外，马云在前三次创业中，学到了很多，也有了一定的江湖地位，尤其是在中国黄页的时候，已经开始实践其零公关的雏形套路，善于跟媒体打交道，按媒体的规则快速反应。所以，我们可以说马云的前三次创业，跟大多数人的创业很像，实际是创业的几个层次。翻译社只是为了赚钱，今天我们有很多人都是这种创业模式，小富即安，即便没有太大的背景和能力，只要有一技之长，也可以做好；中国黄页的层次高一些，需要整合资源，但马云当时的背景，以及对资本游戏规则的不熟悉，他虽然在市场上成功了，但最后还是撤出了，今天我们有相当多的科技企业可能还是在这个层面。

最重要的经验，还是在外经贸部，马云借助国家的平台成功地实施了一系列的商业试验，而这些，在没有国家背景的前提下是不可能这么快出成果的。其实，我认为，马云内心是非常感激外经贸部给了他这样一个平台的，他从这里得到的远远大于他付出的，他实践了阿里巴巴的商业模式，并证实了可以赢利。这给了他极大的信心，正如当年他在半天收到 5 个请求一样。所有创业的人，都应该牢记这一点：你要相信的是你的实践，你的第一手材料。只有第一手的东西，才是能给你信心的东西，无论别人说什么，都不能改变你。这正是独立思考、相信事实的马云，在今后无数次的波浪面前，能够一往无前，能够坚信网商的未来，能够带领团队最关键的信心所在。

记得有位前辈说过，什么时候出来创业，不同的身份，创出来的事业盘子是不一样的。如果你只是会做设计，你就跑出来，你可能只做一间设计工作室，有点像马云的翻译社，那算是看天吃饭，生意好坏不由自己。如果你成为企业的一个总监，看好一种技术或商业套路，你出来创业，你可能能做一间小公司，也能活得还可以，但是经不起折腾，一遇到激烈的竞争，就可能会出局，就像马云的中国黄页。如果你还有一些国家背景、更广阔的资源平台，那么，你再出来创业，你的基础就跟别人不一样了。就像一个普通技术员创业，跟李开复创业，是完全不同的两码事一样。

虽然马云觉得外经贸部给的股份没有兑现，但他也承认，"在这之前，我只是杭州的小商人。为国家工作，我知道了国家未来的发展方向，学会了从宏观上思考问题，我不再是井底之蛙。"所以，阿里巴巴的成功，以及马云天马行空的想法跟做法，都是有其发展的轨迹的，也都是有其原型的。当然，脱离了外经贸部之后，马云就又变成了纯民营的小企业了，而正是马云深深认识到这一点，所以，他才需要用一些颠覆性的、看上去极端的大创意去搅动这个江湖。而根本的前提是，在中国黄页和外经贸部，他已经模模糊糊地看到了网商的未来。

案例 3·老想钱成不了大事

号称天作之合的雅虎和阿里巴巴的合作，马云得到了雅虎的 10 亿美元。这在今天也是一笔天文数字。10亿美元有什么用呢？时隔几年，估计钱还没有花完，已经显示出副作用了。天下没有免费的午餐，且不管马云本人是不是早就留有伏笔，对此有过备用措施保护自己。就这件事，很多人都觉得马云是有所疏忽的，因为当时雅虎的负责人是杨致远，基于对杨致远的信任，他可能没有多想。现在，马云可能要陷入一场对阿里巴巴控制权的争夺战。可能在几年前雅巴合作时，马云还觉得这笔钱是宗成功交易，但到了今天，原本的幸福已经变成了负担。马云现在要考虑的是，那时给这么多的股份是不是会让自己出局？是啊，很多企业没有远大的抱负，看到一笔大钱马上就眼花心活了，巴不得从嗓子眼里伸出一只小手把钱抓过去，对方的什么条件都全部答应。过于重视钱，就容易被钱冲昏头脑。

世事大抵如此。爱财的死于财，贪色的死于色。大家耳熟能详的关公、张飞、刘备之死，都颇具意味。关羽死于傲，"江东鼠辈"、"虎女岂陪犬子"、"纵有埋伏，吾何惧哉"，诸如此类，即是明证。君王蒙羞，群僚受侮，关公之言行，致速祸也。张飞死于暴，"怒鞭督邮"、"怒打裁缝"，狂暴不止，自取其祸。诸葛失于谨，六出祁山，老调重弹，按部就班，岂能不败？事无巨细，全出于己，不信他人，精力有限，岂能不累？细大不捐，谨小慎微，食少事烦，岂能不死？刘备失于情，以重情重义赢得众人拥戴，刘关张三结义情深义重，刘备得人心在于重情，但以倾国之兵为关羽大报仇，却太感情用事了。孙策死于轻率，武艺高强，目中无人，独骑轻出，为武将可，为君主不可，重身轻出，殃及社稷，被郭嘉不幸而言中，死于小人之手。真是性格决定命运。参透武侠玄机的马云，当然明白"当从无中生，不可有中求"的道理。

马云深有感触地说，不要把钱看得太重要，而是要将钱看"轻"，一个人头脑里面老想钱，那他成不了大事。一个没有愿景的企业，其实就是一个没有灵魂的躯壳。这些年，很少听到企业家们说，要把自己的企业做成什么样子。他们说得最多的是，要在什么时候进入世界500强。其实，这是一个"伪愿景"。500强的评判标准，说白了，就是营业收入。用"钱"来做目标，无论如何是缺乏说服力的。只靠利益驱动的企业，即使成了500强，也不会得到真正的尊重。

虽然马云的成功确实跟钱脱不了干系，但他特立独行的金钱观，才有那个传奇的"嫌钱多"的故事，因为所有杰出的企业家都可以不眨眼地做出十几亿元的投资决定，同时又会节省每一分他认为应该节省的钱。正是这种对钱的价值的尊重，才能让投资资金发挥最大的价值。

1999年10月的一天，马云被安排与雅虎最大的股东、被称为网络风向标的软银老总孙正义见面。由于刚融完资，马云没有再融资的计划。

一推门进去，马云原以为是一对一的见面，结果一大屋子人，包括摩根士坦利的人。原定1个小时的讲述，马云刚讲了6分钟自己公司的目标，孙正义就从办公室那一头走过来说："我决定投资你的公司。"

马云说："孙正义是个大智若愚的人，他神色木讷，说的英语很古怪，几乎没有一句多余的话。仿佛武侠中的人物。在这6分钟内我们都明白对方是什么样的人：一、都是迅速决断的人；二、都是想做大事的人；三、都是能做到自己想法的人。"孙正义的经历非常曲折，小时候曾四处从垃圾箱中寻找垃圾养猪为生，父亲却从小鼓励他："你是个天才。"孙正义从社会最底层滚爬出来，从小有许多狂想却能一一实现。他说过："一个梦想和毫无根据的自信。一切都是从这儿开始的。"

12月8日，马云又坐到孙正义的对面，这次双方都不带律师，都是单刀赴会。整个过程不到3分钟，马云获得孙正义3500万美元的投资。马云后来知道，软银每年接受700家公司的投资申请，只对其中70家公司投资，而孙正义只对其中一家亲自谈判。

几天之后，签约之前，令人吃惊的是——马云反悔了。更令人吃惊的是——马云不是嫌钱少而是嫌钱太多。这是让人们大呼傻瓜的事：同样的投资比例，马云不要 3500 万美元只要 2000 万美元。"钱太多了,我不要。"

马云认为:"只需要足够的钱,太多的钱是坏事。"孙正义的助手立刻跳了起来,这是不可思议的事情,孙正义的钱竟然嫌多,"这是不可能谈下去的!"谈判陷入僵局,然而马云仍然坚持自己的主张——"只要 2000 万"。

在暴跳如雷的孙正义助手面前,马云给孙正义发了一个电子邮件,他说:"……希望与孙正义先生手牵手共同闯荡互联网……如果没有缘分合作,那么还会是很好的朋友。"5 分钟后,孙正义回复:"谢谢您给了我一个商业机会。我们一定会把阿里巴巴名扬世界,变成雅虎一样的网站。"

为什么到手的钱不要?马云说:"是的,我在赌博,但我只赌自己有把握的事。尽管我以前控制的团队不超过 60 人,掌握的钱最多 200 万美元,但 2000 万美元我管得了,钱过多就失去了价值,对企业是不利的,所以我不得不反悔。"

"阿里巴巴能够走到今天有一个重要因素就是我们没有钱,很多人失败就是因为太有钱了。以前我们没钱时,每花一分钱我们都认认真真考虑,现在我们有钱了还是像没钱时一样花钱,因为我今天花的仍然是风险资本的钱,我们必须为他们负责任,我知道花别人的钱要比花自己的钱更加痛苦,所以我们要一点一滴地把事情做好,这是最重要的。"

阿里巴巴尽管有上千万的资金,但从不做大的广告推广(据了解,初期阿里巴巴在《中国经营报》和《国际商报》做过 20 万元广告,此后没有做过,最近可能会有调整),也从不开国内的新闻发布会。马云认为:"广告如果是钱能做到的事,钱能做到的事还要做企业的人干吗?"阿里巴巴只靠口碑传播不做广告,"做得好让客户去说,而不是自己去说。"阿里巴巴每一页打印纸都是正反两面用的。

阿里巴巴对员工薪酬从不按市场价格定价。几乎所有进来的员工与管理者都比原公司收入减少一大半,从 8000 元、9000 元降到 3000 元是常事,跳到阿里巴巴的雅虎搜索引擎发明人吴炯到了阿里巴巴不仅工资降了一半,还失去了每年7位数的雅虎股权收入。为什么这么做?一是因为资金来自风险投资,必须节约;二是阿里巴巴不希望用唾手可得的利益吸引人才,而是用自己的企业文化。马云自称:"从不主动挖别的网络公司墙角。"阿里巴巴不仅从未用高薪吸引人,而且马云还对员工说股权那是骗人的,公司失败一分钱不值,而公司成功全在你们手上。

马云的钱全投在客户、人才、员工身上。巨额资金用于客户服务,往往一项就达500万元,还有员工培训,员工好了,客户才能好。马云一有钱就会去找人。虽然拿不出高薪,但马云用的是前程和热情。马云认为,优秀的人才才能吸引来优秀的人,这种速度才是要比拼的。"我已经竭尽全力去花钱了。"马云说,"从小穷惯了,也就习惯把钱花在刀刃上。"和许多人认为互联网是泡沫相反,马云认为互联网是一场长跑,美国在第一轮100米领先,并不意味着胜利,亚洲机会在后面。既然是长跑,必须屏住每一口气,节省每一笔钱。阿里巴巴要做50年的打算,必须同时有兔子般的速度和乌龟般的耐心。

与此同时,马云又是超越于金钱之上的。一个青年员工称:"马云和所有的人都没有距离,这是让人最吃惊的,马云和所有的人都是零距离。"马云每次告别时会坚持和每一个员工一一道别。每一个新来的员工,他都会主动谈心。

1999年2月,无业游民马云被邀请参加在新加坡举行的亚洲电子商务大会。参加大会的人80%是欧美人,谈的也是欧美式的电子商务。马云忍不住站了起来,讲了一个小时:"亚洲电子商务步入了一个误区。亚洲是亚洲,美国是美国,现在的电子商务全是美国模式,亚洲应该有自己独特的模式。"

那是什么模式?马云没有说,因为这是他要做的事。和所有的互联网精英不一样,马云从小就没有生活在顶尖的那部分人当中,他活在平常的普通人当中,所以他决定和目前所有的电子商务不同,他不做那15%大企业的生意,只做85%中小企业的生意。用马云的话说:"只抓虾米。"很简单,大企业有自己的专门信息渠道,有巨额广告费,小企业什么都没有,他们才是最需要互联网的人。

马云后来在分析阿里巴巴成功的原因时谈到,"我们是异军突起后,就成为在全世界B2B领域里(我们可能现在确实是)的第一位,无论访问量、客户数量都是第一位的。原因很简单,美国都是为大企业服务的,在我想来要为大企业服务是很难的:第一,等到他搞清楚怎么做的时候,他往往会自己做,他会把你甩了;第二,美国的电子商务都是为大企业省钱。我觉得中国要为中小企业服务,因为中国中小企业很多,中小企业最需要帮助,就像你可以造别墅,但客户群是有限的,但当你造很多公寓的时候,就有很多人愿意住,所以我是造公寓,为中小企业服务的,中小企业你不能去想办法帮他省钱,因为他的钱已经省到骨头上面了……为中小企业服务的思路是帮助他们赚钱,让他们通过我们的网络发财……"

马云对中小企业进行了详细的调查,他发现,中小企业商人头脑精明、生命力强、相当务实,"他们才不管你什么战略不战略,能让他赚更多钱的东西他就会用"。

"如果把企业也分成富人穷人,那么互联网就是穷人的世界。因为在互联网上大企业与小企业发布多少PAGE是一个价钱。"马云说,"而我就是要领导穷人,起来闹革命。"马云生长在私营中小企业发达的浙江,从最底层的市场滚打过来,深知中小企业的困境,被压榨、被控制。"例如市场上一枝钢笔订购价是15美元,沃尔玛开出8美元,但是是1000万美元的订单,供应商不得不做,但如果第二年沃尔玛取消订单,这个供应商就完了。而通过互联网,这个小供应商就可以在全球范围内寻找客户。"

马云要做的事就是提供这样的世界,将全球的中小企业的进出口信息汇集起来。"中小企业好比沙滩上一颗颗石子,通过互联网可以把一颗颗石子全粘起来,用混凝土粘起来的石子威力无穷,可以与大石头抗衡。而互联网经济的特色正是以小搏大、以快打慢。"

"我要做数不清的中小企业的解救者。"马云更现实的考虑是:"亚洲是出口导向型经济,是全球最大的出口供应基地,中小型供应商密集,众多的小出口商由于渠道不畅,被大贸易公司控制,而只要这些小公司上了阿里巴巴的网就可以被带到美洲、欧洲。"

"在现在的经济世界,大企业是鲸鱼,大企业靠吃虾米为生。而小虾米又以吃大鲸鱼的剩餐为生,互相依赖。而互联网的世界则是个性化独立的世界,小企业通过互联网组成独立的世界,产品更加丰富多彩,这才是互联网真正革命性所在。"

要做到这个目标,马云心目中的阿里巴巴网站必须是全球性的,否则阿里巴巴只做国内就变成没有买家的卖家。而且阿里巴巴必须迅速覆盖全球,否则失去第一就失去意义。阿里巴巴只有做成中国人的全球性网站,马云没有退路。

马云认为目前所有的电子商务是大企业的电子商务,而亚洲独特的电子商务不是商业对商业(BUSINESS TO BUSINESS),而应是商人对商人(BUSINESSMAN TO BUSINESSMAN),这是亚洲人独创的模式。在阿里巴巴就是为中小企业免费登信息,"以后也将永远免费"。马云仿佛又回到小时候的义气状态。

"你这不是商人的做法。"

"是的,我不是商人,我是企业家。"马云说。

此外,马云对中国大局的正确分析,使他相信中国入世以后会成为世界贸易的中心,这也是他坚持从事为中小企业服务的电子商务的一个原因。

"1999年,中国申请加入WTO失败的时候,正是我们在杭州湖畔花园创业的时候。消息传来,我们大家都不免有些失落,虽然还没看到未来的赢利可能会在哪里,但就我们这群人对外贸的熟悉程度和从阿里巴巴上最为活跃的商人群落都是外贸企业来看,这样一个消息无论如何都不是好消息。但是马云却对中国入世十分乐观,他告诉我们说中国入世只不过是时间问题,就像阿里巴巴的成长也只不过是时间问题一样。"阿里巴巴的一位创业元老如是说。

马云的分析无疑是对的。中国是一个大的市场,世界需要中国,中国也需要世界。中国很快于2001年加入世贸组织。中国劳动密集型产业的发达,使得中国成为世界的工厂,一时间"中国制造"风靡全球。

亚洲的独特模式以及发展中国家的独特模式都是以中小企业为主的B2B模式的发展。中小企业特别适合亚洲和发展中国家,发达国家是讲资金讲规模,而发展中国家在信息时代不是讲规模而是讲灵活,以量取胜,所以我们称之为蚂蚁大军。阿里巴巴每年的续签率达到75%,要知道中小企业的死亡率都可以达到15%,他们续签首先说明他们已经存活下来了。

"让别人去跟着鲸鱼跑吧。"马云说,"我们只要抓些小虾米,我们很快就会聚拢50万个进出口商,我怎么可能从他们身上分文不得呢?"

案例4·价值观照耀下的马云梦想

"世界不需要再多一家互联网公司,世界不需要再多一家像阿里巴巴一样会挣钱的公司,世界也不需要持久经验的公司,世界需要的是一家更加开放、更加分享、更加责任的企业,来自于社会、服务于社会,对未来社会充满责任、承担责任的企业,世界需要的是一种精神、一种文化、一种信念、一种梦想!"这是马云在"阿里巴巴10周年庆典"上的演讲词。

在不少人眼中,马云是一个"很能忽悠"的人,但马云之所以是马云,不在于他说了什么"大话",而在于他说的那些"大话",后来都一一实现了。马云在10年的时间里,先后创办了阿里巴巴、淘宝、支付宝这样的能够改变人们生活方式的企业,而且创造了"网商"这个新的商业群体。这就是许多创业者和马云的区别,很多创业者都说了,但马云不仅说了,还做了,而且做成了。

每天都会有人告诉你,他有一个很好的商业模式,他要创业了。每天打开电视,都会看到和创业有关的节目,每个人都在说他的梦想。你去任何一所高校,随便问一个大学生,他想不想创业,十有八九的答案是"想"。这是一个创业精神泛滥的年代。遗憾的是,这又是一个价值观和职业精神缺乏的年代。我们很少能看到在这些时髦的话语背后,哪个人创业是为了改变别人的生活;也很少有人说,创业是和他的价值观有什么关系。所以,我们看到的是很多小老板和大富豪,很少看到让人尊敬的企业家。

价值观比商业模式更持久。马云说,星巴克卖的不是咖啡,它卖的是文化,是团队精神。我们组织阿里巴巴高管去星巴克看过,我们感觉最深的是他们认认真真地希望能通过他们的咖啡,传递他们的思想,传递他们的文化,传递他们为用户服务的一种精神,是这些东西让星巴克强大。管理、运营模式、商品这些东西固然都很重要,但更重要的是你没看见的东西。——马云这里说的,就是一种服务客户的价值观。

在现任CEO霍华德·舒尔茨接手这家公司之前,星巴克不过是位于西雅图的一家提供咖啡豆的公司。两个创始人对咖啡充满了狂热,对赚钱并不在行,他们的愿望只是提供美国最好的咖啡豆,也正是这一理念吸引了舒尔茨的加盟。众所周知,星巴克的商业模式后来发生了很多变化,从卖咖啡豆到卖咖啡,再到现在卖音乐,但他们的价值观一直没有大的改变,那就是让更多的人体验喝咖啡的快乐。正是这种朴素的价值观使星巴克在20年时间里成长为一个享誉全球的知名品牌。

不是说商业模式和战略不重要,这些商学院教过的学问在分析一个成熟市场的成熟业务时也许确实管用,但往往在开展新的业务时并不奏效。这是因为,那些创新型企业通常面对的是一个尚未存在的市场，相关的数据通常不存在或者快速变化，支持那些创业者作出决定的往往是基于创业者的价值观。企业的经营环境不断改变，商业模式也会发生相应的变化，但一个企业的价值观变化并不大。从这个意义上来说，一个企业的价值观比这个企业的商业模式的生命力更加持久，力量也更强大。

马云的成功在很大程度上可以归功于价值观的成功。马云创立阿里巴巴之前，就意识到了电子商务对未来商业形态的影响，并立下了"让天下没有难做的生意"的使命。在阿里巴巴获得软银孙正义2000万美元的投资之前，他曾经带着团队在硅谷拜访了40多家风险投资商，结果全部吃了闭门羹，不少人给他的商业模式的评价要么是"这个方案太愚蠢了"，要么是"你想清楚了再来找我"。在风险投资商看来，这些从来没有人实践成功的想法确实有点疯狂，还好马云遇到了同样有点"疯狂"的孙正义，谈了6分钟，给了他2000万美元。孙正义后来说，正是马云身上体现出来的那种价值观打动了他。

马云举过很多例子，去向世人说明他的价值观。脑子里想的都是钱的时候，你连写字楼都进不去，你发现写字楼里面很多条子写什么？谢绝销售。而且销售人员绝大部分都穿得差不多的。保安马上能够给你领出去，因为你脑子里想的都是如何赚别人的钱，如果你觉得我这个产品是帮助客户成功，帮助别人成功，这个产品对别人有用，那你的自信心会很强。绝大多数做生意的人想着人家口袋里面的5块钱，看到张三口袋里面的5块钱，他就想怎么把这个钱弄到我的口袋里面。几乎所有人都这么想，而你希望成就一个伟大企业，希望企业做成像海尔、海信，像 GE、IBM、微软这样的企业，你要想的是如何用我的产品帮助客户将口袋里面的5块钱变成四五十块钱，然后从多出来的钱里面拿到我要的四五块钱。

有价值观的梦想，境界就是不一样。吕布所向无敌，但眼中只有钱粮州郡，到头来只得白门楼三尺白绫葬送性命;刘表单骑取荆襄,带甲数十万,兵精粮足,但眼中只有尺寸之地,坐守城池,错失良机,最后落得不战而降,孤儿寡母任人宰割;而刘备虽织席贩履,但胸怀天下,虽手无寸兵,身无尺土,最终三分天下有其一。

在马云身上,淘宝颠覆易趣,阿里反收购雅虎中国,大淘宝战略打造网上沃尔玛,这三战所颠覆的境界就不可同日而语。在金庸笔下,一个没有出场的大侠,这个人叫独孤求败,在他的身上这个层次讲得极为清楚。他买了几把宝剑,给后人讲了这个道理。这个道理包含了武功的几层境界。杨过是通过独孤求败的兵器——玄铁重剑领悟出剑法奥秘的,独孤求败的四层境界应该和杨过很像。

第一层,他年轻的时候,使用一把非常锐利的宝剑。这个剑所向披靡,可以斩铜断铁,那么这代表一种年少气盛的境界。年少嘛,所向披靡,见谁跟谁辩论,都把人打败。很多人年轻的时候,大概也是这个样子,喜欢跟人家辩论,显示自己有学问,以打败别人为荣,然后回家多吃两个肉饼。其实,现在想来那是很幼稚的,那是一个幼稚的阶段。而超越这个阶段之后,他第二个阶段用的是一把轻剑,比较轻的宝剑。这时候功夫长了,能够举重若轻,这个时候能够干一番大事业。第三个阶段,他改用一把重剑,重剑无锋,我们常说,能够举重若轻,举重若轻是一个很好的境界。比这个更深的,是举轻若重。那么到了最后,他用一把木剑,这把木头剑是没有刃的,木剑本身不能伤人的。但是,这把木剑其实只是一个代表,说明他已经达到可以不用兵刃,达到无剑的程度了。也就是说,武功最后练到大成,是不依赖于外物的。这个时候,他可以没有兵刃;也可以说,什么东西都是他的兵刃。用金庸的原话讲,武功练到这个程度,飞花摘叶,皆可伤人。他随便拿一个东西就是兵刃,就练到这个程度。就是说,这其实是庄子讲的"不役于物",不为外物所奴役,外物完全被我所控制,所以看上去他是两手空空,其实他已经达到炉火纯青的程度了。而这个论述写的绝不仅仅是打架的境界，搏斗的境界，其实它是人生的境界。

淘宝战胜易趣，今天看似简单，当年却是着实的凶险。这是求生存，一个新创立品牌，要战胜市场占有率绝对优势的对手，放眼商战长河，极少成功。所以，此战马云的招数招招志在克敌，广告大战、免费大战，简直可以用真空赤裸上阵形容，目标只在胜过对手，置敌于死地。这就像是杨过的第一阶段，以打败别人为荣。

在 7 月 7 日阿里巴巴宣布淘宝是阿里巴巴投资以后，有一次马云到美国去给 6 个分析师做路演，这一次对马云一贯友好的华尔街经理人就非常之不客气。一场演讲下来，6 个基金经理基本不看好淘宝和易趣，以及与易趣背后的 eBay 之间的这场战争。更有一个基金经理在马云的演讲中间就离开了，给马云的一句话是，"eBay 会赢。"——他们认为在这场与 eBay 的战争中，马云必输无疑。

对阵的形势就是这样：上市公司 eBay 对非上市公司阿里巴巴，营收 33 亿美元的 eBay 对阵营收 6800 万美元的阿里巴巴，业务范围全球化的 eBay 对阵业务范围触角伸到全球、但主要业务范围全部在中国内地的阿里巴巴。就像马云自己描述的："这是一场蚂蚁对大象的战斗。"

《福布斯》这个著名的财经杂志在 2005 年 3 月 31 日的报道中花了很大的篇幅来描述阿里巴巴，不，是淘宝的这个招牌动作——倒立，还把很多淘宝员工倒立的照片放到了杂志上。

"我们想通过这样一种方式来告诉淘宝的所有人，eBay 看起来很大，但也并非不可战胜，如果你倒过来看这个世界，很多事情是不一样的。"马云说。当然，"倒过来看世界，它会变得不一样"是因为马云在倒立过来以后已经发现了一个不一样的世界，而这与他是个武术爱好者有关。除了这个看起来颇为古怪的动作之外，淘宝的另一大特征是它的吉祥物：蚂蚁。"我们是蚂蚁雄兵。"马云多次向外界这样介绍淘宝。

蚂蚁雄兵,加上头手倒立。通过这两个特征,其实我们已经可以了解当时从言语上豪情万丈的马云的内心世界:虽然在 B2B 领域,阿里巴巴已经有了很大的把握,但在 C2C 领域,尤其是在面对的 eBay 这样一个世界级对手的时候,他们不是很有把握。因此,马云首先要从精神上给自己、同时也给员工以激励,以一个弱者的姿态进入市场。虽然当时的评论者更多的是看到了马云言语上的强硬,但只要稍加分析,在这些强硬的言词后面,我们不难看出马云的弱者姿态。

作为角斗双方的领导者,在 2005 年北京财富论坛上马云和惠特曼有过一次可能见面的机会,当时的马云高调叫阵,"期待着与惠特曼的见面",但显然后者并没有作出回应。最终的结果是马云描述说"很遗憾地擦肩而过"。这多少反映了在这场战争中双方的套路,深究起来可以上升到文化的程度。淘宝像个中国武士,上场之前先亮相,通姓报名,大声挑战;而 eBay 指挥下的易趣更像个西方骑士,没有多余的话,只是默默地把剑亮了出来。

而从初步的反应来看,淘宝获得的喝彩显然超过了易趣——因为这是在中国。用马云的话来形容:"eBay 也许在海里是条鲨鱼,但我是长江里的一条鳄鱼。如果我们在大海里对抗,我肯定斗不过它,但如果我们在江河里较量,我们能赢。"而在交手一两个回合淘宝占有上风之后,马云的叫阵调子更高:"我们希望易趣在推广方面有越多的钱越好。如果易趣不花这个钱,那么培育市场的工作就得淘宝来做,我们就必须花这个钱,现在易趣花了这个钱,把市场培育起来了,淘宝就只需赢过易趣就行了。"言下之意,淘宝赢过易趣不是个问题。这个时期,我们看到,马云的注意力还是集中在赢和输上面,集中在对手身上。

而到阿里反收购雅虎的时候,境界就不同,对雅虎旧部,且有宽容,长袖善舞,颇得风度,盘子也大,目标是希望双赢,然而后来的发展,还是有所遗憾。雅虎中国成为马云最大的一次华容道,这一点我们在后文自我颠覆一章中会详细讲。而相反,这次收购却是雅虎酋长杨致远为数不多的最成功的一次出击之一。如今被谷歌超越、被各种互联网新应用所淹没的雅虎,已是"没落的英雄"。香港一位财经分析师表示,雅虎全球收入的85%来自对阿里巴巴的控股和雅虎日本的收入。由此可以理解,5年前阿里巴巴与雅虎的交易,曾有人觉得杨致远是"冤大头",但现在业界的评论是:"这单交易可能是杨近年来职业生涯唯一正确的决定。"

到大淘宝战略的时候,马云已经颇得静功,身不动,膀不摇,放几个风就让股价飙升,访美却不谈股权,只谈原则,大讲股东不是最重要的,小即是美,很有一种手中无剑,心中有剑,御敌于无形的气势。所以,很多人说马云跟巴哈这个女掌门人的争斗,极大的可能是马云制造的,是其公关战略的一部分,这就有点像飞花伤人,不役于物了,什么都可以拿来作为兵法武器。

不久前,阿里宣布对淘宝网的投资额度,是稍微有点吃惊的50亿元,并给这个动作冠以一个好听的名字——"大淘宝"战略。50亿元是个什么概念呢?且不说这是阿里集团通过B2B业务上市融资额的将近一半,就拿目前淘宝网每年运营成本的3亿元来算,这50亿大约还可以烧17年,这还是在忽略了淘宝网收入的情况下。而实际上,虽然淘宝现在还没有向用户收费,但其广告等各种收入每年大约可以进账2亿多。可见马云的大手笔跟大格局。

在马云身上,淘宝颠覆易趣,阿里颠覆雅虎中国,大淘宝战略视天下皆为网货,这三战境界就不一般,一个比一个高。俗话说,屁股决定脑袋。在这三个不同的阶段,马云所处的位置和环境不同,当其弱小时,生存为第一要务,当然是招招见杀机;当其合纵连横之时,势均力敌,平衡为第一要务;当其强大,一句顶一万句的时候,自然是胸怀万壑,兼济天下啦。以前笔者经常说的一句话,小品牌要大声说话,只有大声说话才有人注意你;大品牌要亲切说话,大品牌影响面大,本来一举一动都挺吓人的,尤其要注意亲和力。正是如此。

价值观照耀下的梦想,价值观越高,境界越高,颠覆的威力就越强大,战果越丰盛。

本章启示

梦想的四个启示

何谓颠覆?倾倒也。就像是一桶水,你要想取水,有两种方法,一种是用瓢去舀,谁手上的瓢大,谁就占优势,马云阿里刚生,没有优势,淘宝初生,没有优势,怎么办,如果跟着别人的游戏规则去舀水的话,肯定是没有大出路;另一种方法,是把桶倒过来,水倒出来了,你有瓢跟没瓢都一样了,如果你没防备这一招,还不如没瓢的呢。马云用的办法就是这样,把水倒过来,世界就不同。游戏规则也不一样。你如果是只有取一瓢水的梦想,当然想不到要颠覆这桶水,但如果你想后发而先至,超过那些有瓢的对手,那么就必须想到颠覆这桶水。所以说,梦想是颠覆的动机,而只有大梦想,才有大颠覆。

梦想不同,颠覆的动机和境界也不一样。吕布所向无敌,但眼中只有钱粮州郡,到头来只得白门楼三尺白绫葬送性命;刘表单骑取荆襄,带甲数十万,兵精粮足,但眼中只尺寸之地,坐守城池,错失良机,最后落得不战而降,孤儿寡母任人宰割;而刘备虽织席贩履,但胸怀天下,虽手无寸兵,身无尺土,最终三分天下有其一。

在马云身上,淘宝颠覆易趣,阿里颠覆雅虎中国,大淘宝战略剑指网上沃尔玛,这三战境界就不一般。淘宝胜易趣,广告大战,免费大战,简直可以用真空赤裸上阵形容,目标只在对手,置敌于死地。而到阿里反收购雅虎中国的时候,意在双赢。而到大淘宝战略时,马云已经颇得静功,身不动,膀不摇,手中无剑,心中有剑,御敌于无形。

1. 你要有"梦想"

小个子的马云,胸有大梦想。无时不刻不在准备把自己的梦想化为蓝图,面对一切的不确定,他知道自己的方向。

在阿里巴巴创立之初,马云讲到三点梦想:第一是将来要做持续发展80年的公司;第二是要成为全球十大网站之一;第三就是说只要是商人,一定要用阿里巴巴。这三点目标已经成为公司的远景目标。在阿里巴巴5周年庆的时候,马云又提出了一个新的目标:阿里巴巴要做102年的公司,诞生于20世纪最后一年的阿里巴巴,如果做满102年,那么它将横跨三个世纪,阿里巴巴必将是中国最伟大的公司之一。

和所有的互联网精英不一样,马云从小就没有生活在顶尖的那部分人当中,他活在平常的普通人当中,所以他决定和目前所有的电子商务不同,他不做那15%大企业的生意,只做85%中小企业的生意。用马云的话说:"只抓虾米。"很简单,大企业有自己的专门信息渠道,有巨额广告费,小企业什么都没有,他们才是最需要互联网的人。

如果把企业也分成富人穷人,那么互联网就是穷人的世界。因为在互联网上大企业与小企业发布多少 Page 是一个价钱。而他就是要领导穷人,起来闹革命。

从某种程度上来说,马云所拥有的,那不应该称之为"梦想",而只是一种平常心,由常识和独立思考而得来的,那种已经融入骨的判断和认知,这种判断和认知比我们常说的"梦想"来得要强大,要执著。如果非要去放大,不妨说成是

"执著的梦想",但这是内心真实地认为可以实现的"梦想",身体力行去做的事。因为在马云心里,以及很多成功者那里,对未来的描绘,看上去充满激情,其实与激情无关,而是他们真心地这么认为——只要做了,自然就水到渠成,这不是成功学,而是平常学。因为这种"梦想",不是演出来的。

2. 闲钱是完成梦想的基石

一个运动员没有体力的时候,很多技术动作就要变形。一个企业没有资金的时候,很多决策就要走样。一分钱难倒英雄汉。马云深知这个道理。当年他主动撤出中国黄页,其中一个原因,就是实力不足。

所以,马云强调,启动资金必须是 pocket money(闲钱),不许向家人朋友借钱,因为失败可能性极大。从个人来说,马云已经实现了财务自由,已经不需要为自己的一日三餐操心了,只需要为阿里巴巴的发展资金操心。

进一步来说阿里巴巴的发展资金,其实也是不缺的。虽然马云曾经拒绝了38家投资商,当然你可以解释为马云坚守梦想,拒绝了他们,而且是在公司几乎没钱的情况下,大多数的媒体也是这么描述的;但是我看来并非如此,想想看,短短几个月时间,就有38家投资商表示兴趣,那么确实马云不需要担心没钱。打个比方,你有一套房子,每天都有人来看楼,并给你出价,你觉得你的房子可以卖个更好的价钱,所以拒绝了前面的38家,但当你被磨得不耐烦的时候,或者真的需要钱的时候,这时候,高盛来了,你就跟他成交了。也许,他开的价码还不如前面38家其中的一家呢,但是你也成交了,也许跟那个房产经纪有关系,也许吧,谁知道呢?这种事情几乎每个放盘的人都经历过。

所以,说马云不缺钱,除了说他本人实现财务自由外,还有一个意思是说他永远在需要钱的时候不缺送钱来的人。正是有这些财务基础,马云才得以不为五斗米折腰,按自己的意志去打造阿里的明天。

3. 钱不是梦想

"有人认为我的目标是赚多少多少的钱，并以为这就是梦想。"马云告诉我们，想有钱其实不是梦想。想有钱只能说明你被金钱所奴役，追逐钱最终是得不到钱的。打个比方说，在球场上，22个人追逐一个黑白相间的皮球，如果你的眼中只有那个球，看不到人，那你可能永远在疲于奔命，也碰不到球。钱只会跟着能驾驭钱的人走，一旦你展示了你驾驭钱、花钱的高超的能力，这个世界的钱就会追逐你，你就能永远在需要钱的时候不缺送钱来的人。

马云深有感触地说，不要把钱看得太重要，而是要将钱看"轻"，一个人头脑里面老想钱，那他成不了大事。所有杰出的企业家都可以不眨眼地作出十几亿元的投资决定，同时又会节省每一分他认为应该节省的钱。正是这种对钱的价值的尊重，才能让投资资金发挥最大的价值。

"阿里巴巴能够走到今天有一个重要因素就是我们没有钱，很多人失败就是因为太有钱了。以前我们没钱时，每花一分钱我们都认认真真考虑，现在我们有钱了还是像没钱时一样花钱，因为我今天花的仍然是风险资本的钱，我们必须为他们负责任，我知道花别人的钱要比花自己的钱更加痛苦，所以我们要一点一滴地把事情做好，这是最重要的。"

世事大抵如此。爱财的死于财，贪色的死于色。大家耳熟能详的关公张飞刘备之死，都颇具意味。关羽死于傲，"江东鼠辈"、"虎女岂陪犬子"、"纵有埋伏，吾何惧哉"，诸如此类，即是明证。君王蒙羞，群僚受侮，关公之言行，致速祸也。张飞死于暴，"怒便邮督"、"怒打裁缝"，狂暴不止，自取其祸。诸葛失于谨，六出祁山，老调重弹，按部就班，岂能不败？事无巨细，全出于己，不信他人，精力有限，岂能不累？细大不捐，谨小慎微，食少事烦，岂能不死？刘备失于情，以重情重义赢得众人拥戴，刘关张三结义情深义重，刘备得人心在于重情，但以倾国之兵为关羽大报仇,却太感情用事了。孙策死于轻率,武艺高强,目中无人,独骑轻出,为武将可,为君主不可,重身轻出,殃及社稷,被郭嘉不幸而言中,死于小人之手。真是性格决定命运。参透武侠玄机的马云,当然明白"当从无中生,不可有中求"的道理。

脑子里想的都是钱的时候你连写字楼都进不去,你发现写字楼里面很多条子写什么?谢绝销售。而且销售人员绝大部分都穿得差不多的。保安马上能够给你领出去,因为你脑子里想的都是如何赚别人的钱,如果你觉得我这个产品是帮助客户成功,帮助别人成功,这个产品对别人有用,那你的自信心会很强。绝大多数做生意的人想人家口袋里面5块钱,看到张三口袋里面5块钱他想怎么把这个钱弄到我口袋里面。几乎所有人都这么想,而你希望成就一个伟大企业,希望企业做成像海尔、海信,像GE、IBM、微软这样的企业,你要想的是如何用我的产品帮助客户将口袋里面5块钱变成四五十块钱,然后从多出来的钱里面拿到我要的四五块钱。

4. 有价值观的梦想才走得更远

马云的成功在很大程度上可以归功于价值观的成功。在马云创立阿里巴巴之前,就意识到了电子商务对未来商业形态的影响,并立下了"让天下没有难做的生意"的使命。在阿里巴巴获得软银孙正义2000万美元的投资之前,他曾经带着团队在硅谷拜访了40多家风险投资商,结果全部吃了闭门羹,不少人给他的商业模式的评价要么是"这个方案太愚蠢了",要么是"你想清楚了再来找我"。在风险投资商看来,这些从来没有人实践成功的想法确实有点疯狂了,还好马云遇到了同样有点"疯狂"的孙正义,谈了6分钟,给了他2000万美元。孙正义后来说,正是马云身上体现出来的那种价值观打动了他。

有价值观的梦想,境界就是不一样。吕布所向无敌,但眼中只有钱粮州郡,到头来只得白门楼三尺白绫葬送性命；刘表单骑取荆襄，带甲数十万，兵精粮足，但眼中只有尺寸之地，坐守城池，错失良机，最后落得不战而降，孤儿寡母任人宰割；而刘备虽织席贩履，但胸怀天下，虽手无寸兵，身无尺土，最终三分天下有其一。

在马云身上，淘宝颠覆易趣，阿里反收购雅虎中国，大淘宝战略打造网上沃尔玛，这三战所颠覆的境界就不可同日而语。在金庸笔下，一个没有出场的大侠，这个人叫独孤求败，在他的身上这个层次讲得极为清楚。第一层，他年轻的时候，使用一把非常锐利的宝剑。他第二个阶段用的是一把轻剑，比较轻的宝剑。这时候功夫长了，能够举重若轻，这个时候能够干一番大事业。第三个阶段，他改用一把重剑，重剑无锋，我们常说，能够举重若轻，举重若轻是一个很好的境界。到了最后，他用一把木剑，木头剑，这个木头剑是没有刃的，木剑本身不能伤人的。但是，这个木剑其实只是一个代表，说明他已经可以达到不用兵刃了，达到无剑的程度了。用金庸的原话讲，武功练到这个程度，飞花摘叶，皆可伤人。

在马云身上，淘宝颠覆易趣，阿里颠覆雅虎中国，大淘宝战略视天下皆为网货，这三战境界就不一般，一个比一个高。俗话说，屁股决定脑袋。在这三个不同的阶段，马云所处的位置和环境不同，当其弱小时，生存为第一要务，当然是招招见杀机；当其合纵连横之时，势均力敌，平衡为第一要务；当其强大，一句顶一万句的时候，自然是胸怀万壑，兼济天下，无剑胜有剑啦！

第三章

颠覆是思维上的洞察

马云教我们赚钱

宋代禅宗大师青原行思提出参禅的三重境界：参禅之初，看山是山，看水是水；禅有悟时，看山不是山，看水不是水；禅中彻悟，看山仍然是山，看水仍然是水。马云是务实的，他观察网站，他观察生意的本质，能够披沙见金，因为他本质就是个商人，他知道商人的需求，他能洞穿，能放下，能看山还是山，这就是他思维上的洞察。

马云首次接触到互联网是在 1995 年初，美国偶遇互联网，对电脑一窍不通的马云来说是一个新领域的冲击。他发现当时网上没有任何关于中国的资料，出于好奇，便请人做了一个自己翻译社的网页，没想到，3 个小时就收到了 4 封邮件。马云敏锐意识到：互联网必将改变世界！互联网颠覆了我们，结果马云颠覆了互联网。一个对网络几乎一窍不通的人，给我们这个时代创造了一个全新的互联网，教育我们电脑除了可以玩游戏以外，还可以赚钱。

正如金庸小说中很多武林高手，都是来自一个想不到的、匪夷所思的小角色和普通至极的出身，比如只是一个小乞丐、一个小和尚，误打误撞偏偏符合了某个大门派的法门,往往得到天大的机缘,得以修成正果。马云恰恰是这样一个人。他没有名校的学历,甚至考大学都考得一佛出世,二佛升天,好不容易蒙混过关,他不懂技术、不懂电脑,更不要说在互联网行业的理论积累,而偏偏这成了他的优势。

会英文的他,可以说是互联网最早一批具有全球化视野的人,从小就独立思考的他,却有做生意的常识,不懂技术和电脑,恰恰让他避免以往很多高手犯的唯技术错误,避免了技术走火入魔。尤其是中国黄页创办成功,外经贸的职业经验,这让他具备了电子商务领域的无上精纯的内功基础,也是因为他不光看上去是,实际上也是互联网的外行,所以他只能把很多具体的事情交给团队去处理,而懂英文的他在阿里巴巴更大的平台上去务虚,这一下竟然如鱼得水,一年三分之二的时间在全球跟各国政要、商要交流沟通,能够融会贯通,对整体经济格局的把握首先在信息层面就比其他企业家要丰富许多,这让他具有敏锐的市场洞察力和战略能力。

案例1·远离忽悠,爱惜生命

广州日报的王佩在《马云:究竟"忽悠"了谁?》一文中说:一次在书店,我把所有跟马云有关的书各买了一本,在付款的时候,遇到一位文化界的熟人,他看着我手里的书,脸上露出揶揄的表情,问道:"你也看这个?"马云在杭州文化人眼里的地位一直不高,我曾经记得有一位老师提到马云很自豪地说:"马云?当年开海博翻译社的时候,还到我们单位拉过生意呢!当时我们都忙着,他在门口一等就是一个小时。"

这个段子的可信度如何?作者并未去查证,但是凭作者十多年的经验来说,这是很有可能的。创业的艰辛、生意的难做,尤以今天如日中天的马云,当年也极有可能吃闭门羹,为了事业的生存和发展,演绎一出"程门立雪"。但是,大多数人往往自豪得意于,当年他也不过如此,大意跟阿Q精神没什么区别,也就是"当年爷也一样阔过"的自我精神胜利法。尤其还可能搬出当年马云的一些糗事,以为谈资,博人一笑。被谈论最多的,还是马云是个"大忽悠"。

在本山大叔连续几年上春晚倾情演绎"忽悠"故事后,作为骗子逞口舌之利行欺骗之实的代名词,"忽悠文化"便迅速盛行中华大江南北。紧随其后的这十几年来,忽悠概念牢牢扎根于群众语言的同时也被赋予了新的含义。马云用亲身经历将忽悠内涵改造成"只要你敢于梦想,一切皆有可能"。事实上,有梦想有决心,在这个意义上,敢于忽悠也正是现代社会成功的必备因素。

不忽悠,不成功。话说马云本身就是一个擅长"忽悠"的始作俑者。早在1995年,在大多数中国人还不知道Internet为何物的时候,马云毅然丢掉高校老师的铁饭碗,投身互联网扑腾。虽然那时候还没鼓捣出什么成就,但他瞅准了网络电子商务的价值迟早有一天会被中国人发掘。10年过去,阿里巴巴如今家大业大,市值超过百亿美元。而这个"疯子"靠忽悠出来的商业王国,已经成为中国乃至全球最大的电子商务平台。

什么是忽悠?马云说了,只要说的人从心底一直相信他自己所说的话,再忽悠也不是忽悠。只要内心坚持是对的,并且执著地朝着梦想去努力,相信迟早也能从容实现。"对于这个梦想,肯定又会有人在嘲笑我们,不过没关系,过去10年我们已经习惯了被嘲笑。"马云不怕嘲笑不怕被指认为忽悠。

但马云并不是忽悠。如果把时光拨回去,拨到1978年,杭州出现了改革开放后的第一批外国游客,住进香格里拉饭店。杭州人看着外国人新鲜。一个十二三岁的杭州男孩,天天清晨5点,就骑车45分钟,到香格里拉门口等外国人。不过他不是来看新鲜的,他希望能给外国游客当导游,不收费。不收费,但是有收获——练英语口语。这个瘦小的男孩,蹬着一辆破自行车,请老外在他的后车座上落座。老外坐上这样的免费旅游车,听着小男孩用稚气的英语介绍西湖,不觉心生爱怜。有的老外第二年又来杭州又住香格里拉,清晨起来看见门口还是站着这个小男孩,产生一种幻觉,好像自己并没离开过杭州,连门口这个小男孩也依旧依旧。第三年,老外又来了,不觉大惊:你还在这里?你这个小孩一定有出息!

他遇到过一个澳洲家庭,并在夏天被邀请跟他们去住了一个月。这让马云很早就与外面的世界接触,当他发现他看到的一些事情和他被告知的并不完全相同的时候,他开始形成独立思考的意识。1985 年,一个澳大利亚家庭邀请马云暑假到澳大利亚去,马云于是 7 月份去了那里,住了 31 天。马云说,在我出国之前,我以为中国是世界上最富裕、最幸福的国家。当我到了澳大利亚,我才发现,我以前的想法并不正确。这个故事其实说明了马云在中学就具有全球化的视野,他看到的、思考的比一般人要多。而普通人在国内的教育和束缚下,更多的情况下是落后愚昧却并不自知。

大学毕业之后的马云顺利地进入杭州电子科技大学当英语老师。当时马云就很有想法,很多人认为老师这个职业他不能做得长久,于是学院的老领导就找他谈话:"马云,我和你打个赌,你能不能做 5 年的英语老师?"马云觉得遵守承诺是一件很浪漫的事。为了这个承诺,马云老老实实地在杭州电子科技大学做了 5 年的英语老师。讲台上的马云总是充满激情,让台下的人热血沸腾,并顺着他的方向思考。每当他讲课,许多班级便不用上课了,本来就不多的学生都跑去看马云"表演",这种"表演"效果相当不错,基础极差的补习班学生,经过他一番调教,居然纷纷在课堂上满口洋文。马云今天为业界称道的绝佳口才,正是在那段激情"表演"的岁月中练就的。

如果说善于表达是"忽悠"的话,马云的确很会"忽悠"。马云的魅力就是从那个时候开始展现的,阿里巴巴最初跟他创业的 18 个元老,有几个就是他的学生。在我看来,这不是忽悠,是训练了马云观察和表现的能力,作者也当过两年的高中语文教师,虽然教书的成绩不理想,但还是颇有所得的。其一,是凡我讲古文课的时候,几乎所有的学生都张着嘴听得出神,基本不需要管理什么课堂纪律,包括听课老师都有同感,因为我把文言文变成了通俗的故事,让学生有兴趣;其二,我的学生在两年的作文比赛中,囊括了几乎全部的一、二、三等奖。后来,在作者的营销生涯中,沟通、提案、谈判,甚至是招聘,这些沟通和表达的能力,都有非常大的帮助。

我们来分析马云:第一,马云曾当过教师,喜欢用通俗的语言说故事,讲愿景,给人一种"忽悠"的感觉,但是既然他成功了,那么这些"忽悠"背后还是有值得汲取的经验的,我们可以取其精华。第二,把复杂的事物简单归类、贴上标签,打比方、举例子,这是马云常用的办法。其好处是通俗易懂、煽动性强,缺点是似是而非、不够准确,当然,所有的比方都是不准确的。但马云似乎并不在乎精确,他只要为我所用就好。

马云说:"我 10 年以来一直在忽悠,我倡导互联网的精神,倡导电子商务,倡导网商的精神。6 年前,我跟一个很要好的商人朋友交流,我说刚刚推出了淘宝网,希望他将生意搬到网上做。他说,再说吧,有很多的时间。4 年前,我又请他将生意搬到网上,他说行了,我现在忙不过来。2 年前,他找到我激动地说,为什么不早说,我现在的生意都被淘宝网上的孩子抢走了。目前看来,被忽悠的人现在已经受到了好处。"

同时,马云也被人"忽悠"过。比如以为中国是世界上最富裕、最幸福的国家,就是从小被忽悠了。在学校教了 5 年的书,其实也是被学院老领导用激将法给"忽悠"了。办中国黄页，跟电信合作，在治理结构方面也被"忽悠"了，这也导致了他放弃黄页，投奔外经贸。在外经贸，他也被"忽悠"了，原来承诺的"股权"无法实现，这也导致了南下创立阿里巴巴。至于以后大小风浪，各种投资商洽谈，生意场上，从小生意到大生意，那是波云诡谲，忽悠与被忽悠那是家常便饭了。也正是这些经历，让马云不但具备了更强的忽悠能力，也具备了更强的抗忽悠能力。

有人说马云最会忽悠，其实在我看来，他最大的本事，不是忽悠，而是不被忽悠。如果说忽悠，张悟本也挺能忽悠，赵本山忽悠起来也不差，但是很多能忽悠的明星，做起生意来，就变成孔老二搬家，尽是输(书)了。为什么，他们扛不住忽悠，开个餐馆，赔钱，投资房地产，赔钱。阿里巴巴最早就是一个大 BBS。马云坚持用BBS。"只要能发布供求信息，能按行业分类就行。"其他人不同意，拍着桌子和马云吵。马云拍自己脑袋，还是认为自己对。"阿里巴巴用户是不怎么会上网的商人，一定要简单。"1999 年 3 月，马云在外地发电子邮件要求手下立即完成 BBS 设计，手下还是不同意。马云怒了，抓起长途电话，尖叫："你们立刻、现在、马上去做！立刻！现在！马上！"他真想立马飞回去，猛拍他们脑袋。事实证明，马云是对的。不被忽悠的前提，更要有智慧。

马云很聪明，更重要的是马云顶级的市场洞察力，也是马云的全球化眼光。马云在很早的时候已经用全球化的眼光看待问题。今天，马云一年三分之二的时间在全球跟各国政要和商要交流沟通。"这是我要继续领导这家公司的代价，不断学习，去见比尔·盖茨，理解巴菲特的思想，学习韦尔奇，去看稻盛先生。"有大视野，能够及时感知环境的变化，这得益于马云近年来频繁地与全球政经名流的交流。"我们团队有一个共识，就是尽可能地让他脱离企业的日常管理，有更多的时间在外面，你在内部陷得太深了，没办法做一些宏观判断。"曾鸣说。而马云的语言优势和对西方文化的熟悉，更为他的国际交往提供了便利。

2001年1月，《世界经济论坛》推选马云为100名世界未来领袖之一。从此，马云年年参加世界领袖分会。当然，马云会晤越来越多的领袖，已经不仅仅因为达沃斯了。中文翻译名字最后一个字为"尔"的，有布莱尔、比尔（克林顿）、戈尔、鲍威尔等。后来我在马云办公室外的会客室"光明顶"里，"会见"了各位"尔"，觉得好像从金庸小说一步跨进了联合国。马云早上起来，经过隔壁房间，那门口怎么站着两名保镖？马云不由得往大敞着的房门看进去，那里正站着马哈蒂尔——马来西亚的总统。马云走进会场洗手间，一抬头，眼前正站着索罗斯。在饭店、在街上，随便走走，迎面就可能是比尔·盖茨。这是在瑞士达沃斯的世界领袖分会。马云说，在达沃斯开世界领袖分会时上街随便走走，一抬头就是一个领袖。他多希望有一天杭州也像达沃斯。

看看马云一个月的行程：他还参加了软银的董事会会议；回北京后，他见了一位全球顶尖投资家；11日，他又去了东京，和孙正义出席阿里巴巴面向日本企业的说明会；之后一周，作为本年度轮值主席在秘鲁参加APEC中小企业峰会，以及各国领导人出席的CEO峰会。跟高手过招，境界自然不一样。

"和稻盛，我必须要和他在经营理念、哲学层面、人的层面、道的层面上交流；理的层面必须要和杰克·韦尔奇谈；机会层面要和比尔·盖茨谈（盖茨也闭关）；学习生态系统的层面，要和沃尔玛谈；你希望获得长期发展的思想，去看巴菲特……"

马云向稻盛致敬，"我们新经济行业在此前是破坏规矩，到后面建规矩的时候，必须向传统公司学习。""我绝对不是学习今天对我有用的东西，而是学习5年后我一定会犯的错误。""我们9年走过了传统行业30年的路，再过10年，有机会超过他们。信不信中国很多传统行业做了几十年，也不能跟稻盛、韦尔奇沟通？"

至于要交流互联网，马云会立刻接通孙正义或杨致远的电话。据说，他每次和孙正义开会都是张牙舞爪状。他也会拍着桌子让杨致远"Shut up"。

不过也不要被马云骗了——他是个实用主义商人，他从 GE 学了管理构架、绩效考核，2001 年引入 GE 前高管关明生担任 COO，去年邀请沃尔玛全球副总裁崔仁辅加盟。也别以为马云只会离经叛道，2007 年集团成立了组织部——他向共产党学习。阿里巴巴 80 多位资深总监以上级别的高管都归组织部统一管理，按需调配。实际上，马云一直在用的是"吸星大法"，吸取和学习他人的经验和智慧，这成为他颠覆智慧的源头活水。

马云说："今天在淘宝上花钱的人是年轻人，收入较低，10 年后呢，他们将成为白领、金领、领导者。我现在在花大量的时间培养年轻买家，未来中国经济的希望靠的就是年轻人。我要去关注年轻人关注的是什么。这也是我为什么投资华谊兄弟的原因。有时候年轻人讲话我都听不懂，我去看了电影才知道年轻人想看什么，想干什么。比如，淘宝前一段卖得最火的就是诺亚方舟的船票，不看《2012》，你肯定不知道为什么。"

这里就是他的敏锐，他的观察，他关注的是事实，是细节，是社会的趋势，然后，他用通俗的、精辟的方式说出来。这不是忽悠，而是对生活的观察提炼。

颠覆的智慧需要敏锐的观察力，观察力源于独立的思考和全球化的视野，也来自于不断结交全球精英提高资讯的含金量。有人说，人生就是忽悠和被忽悠。作者想说的是，不要被玩世不恭"忽悠"二字给忽悠了。回顾本章开头的那个段子，我们看到，10 年前后，老师没有什么变化，而马云，则不同。马云不但没有忽悠，事实上，他是在以光速前进的。我们听不懂他的话，只是因为我们听不懂，我们在浪费生命。了解马云，你才会理解，马云不是大忽悠；相反，他给我们的忠告是：远离忽悠，爱惜生命。

案例 2·大淘宝解围

作为中国 C2C 市场的龙头大哥淘宝,5 年探索后推出了一个展示马云慧眼独具洞察力的"大淘宝"战略。

2008 年 9 月,阿里巴巴集团宣布启动大淘宝战略,并将继续沿用免费政策,将阿里妈妈和淘宝网合并,并将在 5 年内投资 50 亿元。

对于"大淘宝"战略,马云解释道:"'大淘宝'就是要做电子商务的服务提供商,为所有的电子商务参与者提供'水、电、气'等基础服务。就好比一些地方在招商引资之前首先要做到'三通一平',提供良好的生产生活环境,然后方能引凤入巢,繁荣一方。"

其实,淘宝网要做的"三通一平",就是要让自己所有的用户在"大淘宝"平台上的支付(支付宝)、营销(阿里妈妈、淘宝直通车等,新的传媒帝国也渐有雏形)、物流(淘宝入主星辰急便等)以及其他技术问题都能够做到顺畅无阻。马云及其团队表示,以做淘宝 5 年来对网络零售的理解和投入,希望给这些数量庞大的大小网商们提供一个成熟和系统的网络零售解决方案,帮助他们以最低的成本和最高的效率开拓广阔的商品内需市场。

很多人难以理解,在淘宝一家独大的优势下,马云为何处心积虑地提出什么"大淘宝战略"和"新的商业文明",并改变了淘宝内部搜索规则,引得不少中小卖家怨声载道,甚至还有人跑去淘宝总部楼下抗议示威。按理说,中小卖家是淘宝目前比例最大的人群,也是当年淘宝据以打败(eBay)易趣的坚实后盾,马云为何要挑起这个矛盾呢?

马云曾用极具煽动性的话语,描述了一个新阶层的诞生:"从阿里巴巴到淘宝,这 10 年来我们只做了一件事：证明互联网与电子商务能有所为，证明中国能够诞生一个新群体——网商。"网商、网货、网规，成为马云近两年出镜频率最高的"口头禅"。但是，网商的江湖似乎并不那么如意。

"C2C 太吃力了，老马要做 B2C 不过是各个中小企业的 B2C。这样又回到当年的阿里巴巴上了，无非是比阿里巴巴多了一些品质还有支付系统而已。"业内人士这么评价马云最近淘宝的一系列行动。

事实上，淘宝一直面临着不赚钱的指责。尤其是，2008 年经济危机的到来，阿里巴巴集团整体业务受到不小影响，B2B、出口通业务等均有回落，马云虽承诺淘宝不赢利，但在失去强大经济后盾支持的前提下淘宝如何运营？恰巧中国政府在当年出台了一系列政策来拉动内需刺激消费，如此一来，马云敏锐的经济嗅觉再次发生了作用，将经营重心由阿里巴巴转向淘宝，便是其机智的洞察，中国的内需市场不可估量，在经过 7 年培育网购消费市场后，是时候让淘宝上主战场了。

同期让网商们关注的一件事情就是，国家在规范网购市场方面出台的一系列章程制度，明确提出网店卖家的实名制，工商税务等问题也接踵而来。这对于依托淘宝平台创业的中小卖家来说，是个不小的难关，很多小卖家的"规模"甚至就是一个人加一台电脑和一条网线，货源是代理的，价格没有优势，也没有推广预算，新政策的出台必将对淘宝中小卖家的经营造成很大影响；与此同时，因为在网上开店的便利与低门槛，导致淘宝卖家中鱼龙混杂，显然这对于淘宝的管理也是不利的。那些自身无货源和资金优势的卖家面对如此高压态势，前途如何？失去这些卖家的淘宝走向何方，谁是可以依靠的用户群体呢？

当前，国内垂直 B2C 市场的分化，涌现出一批竞争对手蚕食淘宝现有的网购市场，这其中既有老牌的对手，如京东、当当，也有新生对手，如凡客诚品。传统企业进军 B2C，开设独立电子商城虽未构成威胁，但这些对于淘宝现有买家的分流，以及 B2C 在货源、物流、信誉保障、广告推广方面对淘宝 C2C 卖家的冲击,的确让人头疼。国内一批优秀的后起 B2C 企业,如凡客诚品、红孩子、1 号店,更灵活的经营方式与迎合时尚的产品供应链,人气急剧攀升。更为可怕的是,这些所谓的"垂直 B2C"平台,现在有着明显的扩张趋势,比如:京东不再是只卖电器,而当当、卓越也不再只是卖书,凡客诚品也在探索其他产品平台的扩展。

马云凭借其一向敏锐的市场嗅觉,意识到了在新的环境下,淘宝的地位也面临着多元的挑战。在内忧外患的大环境下,淘宝想生存,必须出招破解。而"大淘宝"在马云的力主之下应运而生,这让我们看到马云在提升淘宝整体形象和产品竞争力上做的努力:整合自有资源,提高效率;依托阿里妈妈广告市场和最近推出的淘宝搜索,争夺外部资源和流量;调整经营策略和规则清理无竞争优势的中小卖家,等等。这些做法的目的都是为了打造一个纯净、信誉好、有优势的平台,引凤来巢,赢得买家的信任与好感,重塑淘宝以往的"廉价货品"形象。

反观之,"大淘宝"战略对于刺激其集团成员的发展也是相辅相成的。比如:引导淘宝卖家在阿里巴巴上批发货源,2010 年 3 月,马云将阿里巴巴网站更名为"1688 批发平台"就可以看出其用意;通过阿里妈妈的淘客分红积聚外部资源等。我们可以这样评价,"大淘宝"其实就是把整个阿里集团的资源优势集中到淘宝平台,打造大而全并具竞争力的新阿里巴巴(或称为新淘宝),提升企业整体竞争力,来化解目前所遭遇的"内忧外患"危机,这确实是一剂良药!

作者并不是说马云的"大淘宝"就一定能成功,但是马云的洞察再次纤毫毕现,C2C 目前面临的一些困难,以及淘宝将来想打开资本市场的大门,逼不得已也要采取更为积极主动的动作。

作者曾向与淘宝接近人士了解:"大淘宝"代表了马云什么样的动机或者说理想? 回答是:一统天下啊,让天下没有难做的生意。淘宝是个零售平台,大家去淘宝需要货吧？很多卖家缺货，所以整合 1688，把阿里巴巴国内业务掏过来；卖家需要收款，收款分线上和线下——线上做支付宝，做银行，线下联合店铺，物流代收；卖家要发货，要仓库，要一系列服务，所以淘宝要搞物流。马云就是想，大家做生意，今后在淘宝就行，什么事情都可以了，有淘宝就有生意——天下淘宝，淘宝天下。

也有人很详细地解读了马云的"大淘宝"战略的宏大和复杂，整体看上去就是一个不断进化和演变的过程。这个过程分为 4 个阶段：

"大淘宝"战略的第一个阶段就是对集团内部的资源进行整合，将阿里妈妈与淘宝网合并，打通淘宝与阿里巴巴平台，形成一个 B2B2C 的商业生态链条。

"大淘宝"战略的第二步就是淘宝在互联网的整个商业生态系统的构建。2009 年 12 月 1 日，淘宝合作伙伴计划新闻发布会正式宣布"淘拍档"平台成立。本次淘宝发布的包括物流、营销、渠道等方面的"淘宝合作伙伴计划"，将使自己的商业合作伙伴布局全面覆盖所有的电子商务领域。

"大淘宝"战略的第三步是构建覆盖全国(包括中国台湾、中国香港等地区)的线下商务平台，通过连接线上和线下的通道，创建新的零售模式。为了实现这一目的，淘宝在 2009 年就已经做了一系列的战略部署。为了构建覆盖全国的线下商务平台，淘宝在 2009 年 4 月 15 日，正式启动淘宝网线下实体店"淘一站"，并短时间内在全国开放十几家线下手圈实体店铺。而在 2009 年 9 月 8 日，淘宝网手圈中国台湾"淘一站"也正式上线，淘宝已经完全覆盖中国台湾地区，实现了两地商业无障碍沟通。

"大淘宝"的终极商业阶段将是为自己建立一个全新的全球最大电子商务生态体系。这个阶段，淘宝将依托已经发展成熟的大量线下授权实体店铺为基础，建立覆盖周边社区的零售网络。在淘宝实体店聚集的周边建立一定数量的仓储，并且提供同城快递服务，将第三方物流服务的不可控因素尽可能缩小，甚至将放弃和第三方合作,自建成熟配套的物流体系。当交易量达到一定程度,淘宝将会拓展更多的线下产品,以前电子商务平台不好经营的大件产品,也可以依托各实体店的互连进行销售。另外,经过几年的发展,此时的移动上网购物和移动支付也已经发展成熟,最终淘宝将会影响人们日常生活购物的方方面面。

马云的"大淘宝"之梦,显然不是短期内能实现的,在这里作者似乎又看到了阿里巴巴刚拿到孙正义 2000 万美元就兴致勃勃地开进全球市场时的马云的影子,但愿是我的错觉。

马云的颠覆性反潮流思维是出名的。人们不知道为什么马云有着那么多稀奇古怪的想法,而似乎他这一生都在作决定、颠覆自己的决定、再作决定、再颠覆这样一个永远循环的圈子下经营着自己的生命。不过,对于"大淘宝"未来的宏伟计划,很多人还是持观望态度。作者想起了另外一个企业家说过的,那时可能不是考虑竞争了,那时可能要考虑什么时候被国家反垄断机构请去喝茶了。

今天,我们很高兴地看到通过 2 年来的执行,淘宝网上少了那些"黑色产业链",尤以刷信用者的清理,让人拍手叫好。但这也激起了中小卖家的不满,我们知道中小卖家是淘宝发展壮大的根基,如果失去中小卖家这一大人群,平台内 B2C 企业又无法跟传统企业的商城和垂直 B2C 竞争,淘宝向何处去呢?所以我们看到淘宝在出招时还是有所保留的,又或者说给了中小卖家一个很长的缓冲期,静观其变,随时调整策略。

案例3·封杀和开放

所有的人在马云出招时都说看不懂。

2008 年 9 月,一早起床,打开电视,调到"马斌读报":"……淘宝宣布将屏蔽百度搜索蜘蛛,理由是用户通过购买竞价排名,带来的影响可能损害消费者利益……"中国互联网沸腾了——可以允许搜索巨头封杀某个关键字、某个产品、某个企业,甚至某个行业,第一次看到搜索巨头被封杀了,中国上亿的网民和各路传媒都惊呆了。淘宝到底想做什么?

事情还要追溯到 2007 年 10 月,李彦宏在香港宣布进军 C2C。淘宝网是国内最大的 C2C,马云更是无时无刻不紧紧盯着这个领域,对任何风吹草动都异常警觉,因为当年他正是从易趣手中夺下的这块市场,跟 eBay 同样的错误他绝不会再犯。

阿里巴巴集团上一次与竞争对手的激烈对抗还是在 2006 年,在 C2C 市场与腾讯交手之后,淘宝不仅被迫停止了收费的企图,大量用户还被腾讯拍拍网劫走。事后,马云感叹:"腾讯的攻击永远是悄悄的。"

百度的进攻则是明火执仗的。雅虎的败北和 Google 的惨淡成就了百度的一家独大。百度的竞价排名也一直是业界最赚钱的产品,它不仅打击了阿里巴巴的竞价排名,也严重影响着阿里系新产品"阿里妈妈"广告业务的进展。百度"蜘蛛人"如果存在,很容易成为阿里妈妈广告推广的绊脚石,马云的"大淘宝"计划就可能流产。

此外,百度 Hi 的推出,李彦宏为其 C2C 产品上线提前做了功课,百度已确认进军 C2C,可能有另外一种淘宝更不愿见到的情况,就是淘宝的卖家同时成为百度的卖家,以百度目前在搜索方面的优势,淘宝有可能遭遇一次用户分流的危机。2005年,马云曾试图通过中国雅虎抢占搜索引擎市场,结果是不仅在搜索市场铩羽而归,还失掉了中国雅虎原本不错的门户优势。马云对搜索一直心存忌惮。

9 月"屏蔽门"甫出时,百度并没有作出回应。直到 9 月 9 日下午,百度电子商务事业部总经理李明远才露面,并声称:"很多淘宝卖家由于缺少搜索引擎的导入,利益受到非常大的损害,目前纷纷要求百度直接收录其网店页面。"对此说法,淘宝公关总监卢维兴予以坚决否认,称淘宝流量无丝毫影响。

事实上,在马云的眼中,百度带给淘宝的流量的确不高,因为淘宝几乎已经成为"网络购物"代名词,甚至在西部地区,有80%的网购是在淘宝上发生的。由于百度搜索引擎的信誉不佳,因此马云有理由担心将来一旦百度商城上线,其搜索结果会有不公正现象出现,"相当于百度在竞争中天生占据主动地位"。因此,淘宝不如索性提前"斩断"两者间的联系,及早加强淘宝购物平台的地位。在这一点上,马云颇具战略家的洞察力,往往在关键时机点能打出令人惊奇,但效果奇好的王牌来,展现其颠覆的智慧。

进入互联网大国时代,阿里巴巴不断地扩张自己的战略版图,除了B2B领域外,陆续推出了淘宝、支付宝、旺旺、淘宝开放平台、阿里妈妈广告联盟……作为业界两大巨头,淘宝与百度明枪暗箭的PK一直持续不断。先是淘宝"封杀"百度蜘蛛,接着推出"阿里妈妈"广告联盟与百度联盟竞争;而百度的反击丝毫不弱,先是推出电子商务平台"有啊"与淘宝竞争,接着大举封杀"淘宝客"。

淘宝、腾讯与百度这3家中国平台级企业,正在面临日趋激烈的竞争,不管是《淘宝天下》周刊的改版发行,还是与CCTV、湖南卫视等电视媒体的合作,淘宝都在做一件事情——不断拓展自身平台的边界,在电视、杂志等新平台上,以不同的方式获得用户,深化影响力;再通过用户与卖家、网货的连接来得到收益。

2010年3月,淘宝网对外宣布面向全球首度开放淘宝数据,商家、企业及消费者将在未来分享到来自淘宝全网的原始数据,主要分为两种方式:其一,通过淘宝数据魔方平台(http://data.taobao.com),商家可以直接获取行业宏观情况、自己品牌的市场状况、消费者行为情况等,但是不能获得竞争对手的数据;其二,通过第三方研究机构合作的方式,商家可以直接向研究机构获取服务,使得商家能够借此提高其电子商务业务,并利用淘宝的数据,然后改善他们的销售。

任何一个稍懂网站运营的人都知道数据的重要性。当所有的网站运营者视用户数据为核心商业机密闷头研究的时候,马云大胆地将数据公布,并作为一项新的业务营收点大加推广,无疑又在整个互联网特别是电子商务领域引爆了一颗重磅炸弹。

阿里巴巴集团总参谋长曾鸣表示,人类社会正在从工业文明走向信息文明,数据会前所未有地重要,淘宝向全球开放数据就是要真正地去运用数据,让数据为消费者、为小企业服务。"消费者有了更好的数据,就能更好地做决策,买到更有性价比的商品和服务。厂家有了更好的数据,就能更好地做定制,提供给消费者更好的产品和创新。而这样一个数据,它必须是分享的,而不是由我们来掌控的。"

腾讯的高级数据分析师谭浩是作者多年好友,此前曾在百度做过同事。他对马云的做法作了如下分析:宏观上,淘宝要建立在零售行业的国家指数,这个影响力是很大的,国务院政策研究中心、统计局等的数据还不及淘宝的准确及时。淘宝数据,类似百度风云榜、中国移动风云榜,类似 sony 音乐排行榜,成为零售行业(不仅仅是网络零售)的权威。三流的企业卖产品,一流的企业制订标准。

在微观方面:数据的开放可以吸引更多的用户来进入开店,很多用户不知道去淘宝卖什么好,什么有销路,这里可以吸引更多有想法的人选择切入;数据的开放有利于淘宝商户优化服务,可以清晰地看出用户访问路径,从 CPM—>CPA—>CPC—CPR—CPP(购买)的路径,优化自己的商铺与产品组合;数据的开放有利于防止第三方的黑色产品链,目前有很多可能专门帮助刷排行的类似 SEO,可以更透明化,提高平台的健康度;数据的开放也可以进行数据加工的后服务,提供数据信息报告,卖钱。数据洞察商机,可以给淘宝卖家、非淘宝卖家,都可以卖钱。

于卖家而言,开放数据无疑能够让他们感激涕零,从此对淘宝更加依赖;于淘宝而言,数据作为一个新的服务项目,能带来的预期收益可想而知。如此一举两得,马云何乐而不为。然而,知道且敢于将数据公开,则体现了马云无可无不可,天马行空的想象力和颠覆智慧。

马云说:我不懂技术,但我懂得怎样做生意。如果将来有一个新的手段能够超越互联网,让做生意变得更容易,我会毫不犹豫地加入进去。正是凭着这种对"生意"的敏锐洞察力,马云把做生意过程中的每一个要素都作为产品提供给千千万万的生意人。

大网商时代,不管开放数据、资源共享还是建立秩序,淘宝必须帮助网商群体在与传统生意的对抗中,拥有更强的生存能力。电子商务目前还停留在"廉价渠道"的初步环节,没能体现出互联网更深入的优势:更翔实的购物数据获取能力、更灵活的 C2B(用户需求导向)转换能力。如何向网商开放更具深度的用户数据、赋予他们分析这些数据的工具,如何在网站层面提供让网商们能充分合作、互动的功能并以此满足用户更多的消费需求,这都是淘宝应该在未来 5 年思考的问题。

实际上,淘宝此前已针对卖家推出收费类数据统计系统"量子店铺统计",每月收费 10 元。目前,该系统已发展了数十万用户,这意味着每年能为淘宝带来数千万元的收入。淘宝此次开放海量原始数据,这些早已是众多商家所觊觎的信息资料,尤其是消费者行为数据,也是淘宝长久以来积累的无形财富,而这次高调打出王牌,也正是阿里巴巴商务战略的升级,更是对未来竞争者的实力叫器。但是这次的开放数据事件真正值得关注的并非是企业间的竞争,而且淘宝网实际开放的尺度,以及开放后期的影响。这次开放消费者行为数据将带来一笔可观的收益,所产生的影响更是不可估量。

还有一个重要原因是,全球最大的零售商沃尔玛计划在中国和日本推出电子商务业务,现正在搭建新的技术平台。从沃尔玛早前所发布的招聘广告中还可以看到,这条零售巨鳄已经开始招揽电子商务业务的相关人才。沃尔玛冲上中国线上购物业务将给淘宝造成不小的威胁,如何与之抗衡? 一直以超越沃尔玛作为淘宝阶段性目标的马云,在这个关键节点上再度出手,与众多中小卖家和第三方数据分析机构结成统一战线,大有将沃尔玛"扼杀在摇篮中"的架势——即使淘宝官方表示,开放数据与沃尔玛无关。

电影《大腕》里有这样一个情节,葛优给关之琳解释"境界"一词的含义,用三块石头放在距离远近不同的地方,形容看事情能有多远,这就是境界。所有成功者无外乎都经历过力排众议坚持己见,去做一件其他人难以理解的事情,最后让所有人叹服这样的过程。皆因考虑问题的方式、角度、成熟度不同,造就了人与人之间的差距。

开放,是为了尽可能吸纳互联网优质资源为己所用,以自己的规则进行运转。无论是苹果或者 Facebook 都已证明,只要自己的平台能与更多的应用服务商紧密捆绑,就能满足用户更多的需求,让用户在自己的平台上停留更久。

如果说阿里巴巴的大淘宝还只是在电子商务这一领域里深耕,而不断开放、吸纳互联网方方面面应用服务、并不断扩展自身服务边际的"大百度"与"大腾讯",将有可能在拥有一项互联网底层服务的基础之上,成长为真正独立的互联网国度。

如今的淘宝已坐拥 2 亿会员千亿级别的交易金额,精确到秒的消费者访问及购买行为,终于成了淘宝的又一个巨大金库。尽管马云一直表示不关心淘宝的盈利模式,但上市在即的淘宝在坚持多年的免费服务基础上积累的庞大用户群——是极其精准的消费用户群转化成为收入来源,不仅没有让用户感到"被商品",而且让淘宝更加稳固,这样的格局,恐怕是其他竞争对手无法想象的。

也许多数人觉得马云的洞察力是天生的,他能够在第一次接触互联网的时候,就洞察这个"虚幻"的东西能够在不远的将来成为做生意的不二法门;也能够在众家迷茫的时候走出一条清晰的道路。其实,在我看来,洞察力与"颠覆"有某种因果关系,这就是思考问题的方式方法,以及对某个领域的深刻理解,绝非偶然成就。

本章启示

马云只做对了一件事

大家都同意,马云很能发现机会,中国黄页、阿里巴巴的 B2B、淘宝的 C2C,甚至是在最高潮期抢点上市。是马云具有超级敏锐的观察力,还是外星人马云具有特异功能,总能在最佳时机行动? 其实,机遇只会留给有准备的人。

马云用阿里巴巴诠释了电子商务,用电子商务触动了世界商业新模式的变革。马云正是用一个阿里巴巴影响了中国的商业格局,并正在影响着世界商业的格局,正在影响着社会生活的格局,正在改变着全球的商业模式,正在让价值与价格规律回归真实,正在改变着人们的观念。马云也因此荣登哈佛讲台,成为哈佛教学中的重要案例,被世界经济论坛选为"全球青年领袖"。

马云在电子商务领域的成功是偶然的,而电子商务在社会发展过程中的成功是必然的,可以说电子商务的成功顺应了社会发展规律,是社会发展的必经阶段。马云不但成功地引出了电子商务,也成功地论证了价值与价格的变化规律。他将商业发展巨流引导到一个符合社会发展规律的方向上,并证实了这个方向的正确性。

在他的商业理念里充斥着更多的哲学味道,这正是他能影响世界商业模式的关键所在。他是从商业模式作为切入点开始思考,最终回归到哲学的领域。他的成功源于他准确地把握住社会发展的本质规律,而不是简单地洞察到了商业模式的发展趋向，他对商业的理解不仅仅停留在商业本身，而是深入到更深层次的社会需求及发展、人类需求及发展的本质上。马云的成功有他的必然性，他即使不在电子商务成功，也会在其他领域成功。可以说，不是电子商务成就了阿里巴巴，也不是阿里巴巴成就了马云，而是马云成功地将电子商务描绘给大家，并成功地引导了电子商务在社会发展必然的网络时代发挥了应有的作用。

阿里巴巴将会影响商品的价格体系，影响现有商业的模式，影响产业结构的划分，商业渠道将被重新定义与划分。这不是盲目地崇拜马云，更不是夸大阿里巴巴的威力，这种商业渠道的重新定义是必然的，并且已经悄然开始。阿里巴巴只是这种变革的先锋，到最后将现有商业渠道彻底颠覆的即使不是阿里巴巴，也一定是另外的什么巴巴，总之一个"e"字将占经济社会发展的主导地位，所以颠覆现有商业模式的是"e"巴巴。这个"e"巴巴解决的主要问题就是信息的对称与畅通，这是社会发展规律必然的阶段，这不是经济学，也不是社会学，而是哲学。

马云在《C2B将成为产业开始的未来》中提到，中国很有名的一个酒，一瓶卖800元，但是成本只有10元：其中300元给了电视广告局，300元给了渠道商，还有100—200元给了回馈和包装。这个价格的分配，明显不符合商品交换规律，不符合价值与价格规律。不符合规律的必将被符合规律的取代，这也是哲学。一瓶酒从生产到消费经过了那么多环节，给酒本身的价值附加了那么多本来可以省略的价格，这些是不符合规律的，中间的某些环节被取消是必然的。电子商务能把那300元的渠道商取消了，网络能把300元广告费降低了，最终这瓶酒的流通是符合价格与价值规律的，社会总体资源是个定数，那么这些资源所能创造的财富也就成了定数。在社会财富是个定数的基础上，人类社会要想更富裕，人们的生活要想更富裕，每个人分配到的财富要想更多一些，就必须对现有财富进行合理分配、公平分配。通过这些过滤所节约下来的财富必将被分配到其他领域，这样人类社会的财富分配将逐渐向着均衡方向发展。我们知道，价格是围绕价值上下波动的，不是电子商务让价格符合了价值，而是这种价格与价值的发展规律促成了电子商务，或者不仅是电子商务，还会有更多的其他领域的诞生，商品的流通符合这个规律，其他的物质运动也符合这个规律，所有需要在这个物质世界流通的东西都将在规律的作用下最终形成与商品流通类似的电子商务这样的领域。

其实马云只做了一件事情，就是用他的阿里巴巴精简了商品流通中多余的环节，实现了信息的畅通与对称，让商品在流通中更符合价格与价值的变化规律。电子商务改变了商业格局，阿里巴巴让电子商务真正地应用到社会生活中，马云也因此成为电子商务的教父。

正是建立在马云的这些商业观察和理念之上，才有马云的颠覆式智慧。颠覆的前提，就是你能掌握规律，能知水之常形，这些需要智慧，同时还需经得起实战的检验，凡战多胜。不唯书，不唯心，不唯技术论，尤其是最后这点，在互联网圈子大多数人做不到，很多创业者因为这是技术行业，就全信技术专家的话，技术派太多，结果都成了烈士。观察马云在这几战中，都是能够深谙国内市场和用户的特点，才能知己知彼，百战不殆。

1. 敏锐的观察力需要智慧

马云在中学就具有全球化的视野，他看到的、思考的比一般人要多。

马云说，"我10年以来一直在忽悠，我倡导互联网的精神，倡导电子商务，倡导网商的精神。6年前，我跟一个很要好的商人朋友交流，我说刚刚推出了淘宝网，希望他将生意搬到网上做。他说，再说吧，有很多的时间。4年前，我又说请将生意搬到网上,他说行了,我现在忙不过来。2年前,他找到我激动地说,为什么不早说,我现在的生意都被淘宝网上的孩子抢走了。目前看来,被忽悠的人现在已经受到了好处。"

马云很聪明,更重要的是马云顶级的市场洞察力,也就是马云的全球化观察力。马云在很早的时候已经用全球化的眼光看待问题。今天,马云一年三分之二的时间在全球跟各国政要商要交流沟通。实际上,马云一直在用的是"吸星大法",吸取和学习他人的经验和智慧,这成为他颠覆智慧的源头活水。

颠覆的智慧需要敏锐的观察力,观察力源于独立的思考和全球化的视野,也来自于不断结交全球精英提高资讯的含金量。

2. 敏锐的观察力需用实战检验

观察力是否真正敏锐,还需要实战的检验。所谓实践出真知,就是为此。就像在战场上,实战是将军们的必修课,只有带过兵、打过仗,尤其是打过胜仗的将军,才能得到指点江山的话语权。

淘宝战胜易趣,是一个很重要的事件。今天我们有很多人都见证了这一次战役,在淘宝出现之前,我们只知道易趣。事实上,淘宝颠覆易趣这件事上,也体现了马云敏锐的观察力,一个是他本人对易趣 C2C 模式的动向敏锐的判断;另一个是他跟孙正义这样的高人频密沟通,得到高质量的信息。这些观察最后都直接影响到中国 C2C 市场格局和业态,影响到今天数以万计的淘宝业主。

也许有人说马云很会忽悠,但这次,我们眼睁睁地看着淘宝击败易趣,看着马云实践了他最伟大的一次颠覆商战。在这场争斗中,马云和他的淘宝团队的表现的确可圈可点,也在很大程度上间接成就了马云的神话。

3. 最好的时机就是现在

简直是太神奇了:马云看到了 eBay 进入中国后,C2C 可能向 B2B 发展的威胁，于是进入了这个领域。而在进入这个领域的时候，发现支付是 C2C 中需要解决的核心问题，因此想出支付宝这样一个工具。这样一个逻辑几乎是全对的。只是这样的一个故事显得太神奇了——他们进入 C2C，淘宝就火起来了，2年之内就成为已经做了 4 年的易趣的对手，他们要解决支付问题，支付宝就出来了，而且很快就成为不错的一个支付工具。

其实，事实是：几乎从马云开始做电子商务这一块起，他就一直在琢磨这个领域的核心问题。早在 2003 年 2 月，马云就开始秘密制造淘宝了。接下来的情形是非典，因此这支队伍是不被隔离，也要被隔离的了。就在这样的前提下，淘宝网站被制作出来，并于 5 月初在网上正式公布。支付宝的诞生完全可以体现马云及其团队对中国市场的敏锐观察和理解。

大家都同意，马云很能发现机会，是马云具有超级敏锐的观察力，还是外星人马云具有特异功能，总能在最佳时机行动？套用一句被用滥了的话，机遇只会留给有准备的人。马云在时刻准备着，因为他说，发令枪一响，你没时间看你的对手是怎么跑的。只有明天是我们的竞争对手。

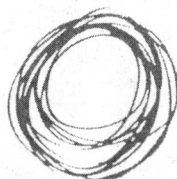

第二部分
行动篇

蜀国的边远地方,有两个僧人。一贫一富。穷的和尚有一天对富裕的和尚说:"我想到南海的普陀山去,怎样?"有钱的和尚说:"你靠什么去呢?"穷和尚说:"我有一杖一钵就足矣。"富和尚说:"好多年以前我就打算买一只船沿江而下,到现在还没买成。你靠什么去呢!"第二年,穷和尚依靠一杖一钵从南海高高兴兴地朝圣回来了。这个寓言出自清代彭端淑,他说:"天下事有难易乎? 为之,则难者亦易矣;不为,则易者亦难矣。人之为学有难易乎? 学之,则难者亦易矣;不学,则易者亦难矣。"颠覆也是一样,需要行动,临渊羡鱼不如退而结网。颠覆可以随时开始,一个人只要还能思考,还充满了梦想,就一定可以开始颠覆。日本作家中岛薰曾说:"认为自己做不到,只是一种错觉。我们开始做某事前,往往考虑能否做到,接着就开始怀疑自己,这是十分错误的想法。"

　　第二部分"行动篇",有两个章节。我们将谈到"怎么去实现颠覆","怎么去完成颠覆"。

　　在第一章中,主要谈了马云通过创新实现颠覆。创新是以新思维、新发明和新描述为特征的一种概念化过程。"创新"起源于拉丁语,它原意有三层含义:第一,更新;第二,创造新的东西;第三,改变。真的创新,成功的创新,一定是和开放后的"流出"有关系的,也就是说,必须造成信息的流出。创新是人类特有的认识能力和实践能力,是人类主观能动性的高级表现形式,是推动民族进步和社会发展的不竭动力。一个民族要想走在时代前列,就一刻也不能没有理论思维,一刻也不能停止理论创新。而正是创新,才能颠覆。

在第二章中,则分析了马云及其团队高效执行力的原因。凡大事业,都不是一个人成就的。自古以来,执行的关键就是团队,就是用人。马云本人不懂技术,不懂执行,不懂细节,但是他可以通过团队去执行,其中重要的原因,就是他的团队有统一的思想。真正的执行力,在于实现的力量。

第四章

颠覆的手段是创新

创新是一朵颠覆之花

看过冯小刚《非诚勿扰》的人,或许在多年后,已经不大记得清楚剧情了,但依然会记得那段新颖的征婚台词:"你要想找一帅哥就别来了,你要想找一钱包就别见了,硕士学历以上的免谈,女企业家免谈(小商小贩除外),省得咱们互相都会失望。刘德华和阿汤哥那种才貌双全的郎君是不会来征你的婚的,当然我也没做诺丁山的梦,您要真是一仙女我也接不住,没期待您长得跟画报封面一样看一眼就魂飞魄散。外表时尚、内心保守,身心都健康的一般人就行,要是多少还有点婉约那就更靠谱了。我喜欢会叠衣服的女人,每次洗完烫平叠得都像刚从商店里买回来的一样,说得够具体了吧。自我介绍一下:我岁数已经不小了,留学生身份出去的,在国外生活过十几年,没正经上过学,蹉跎中练就一身生存技能,现在学无所成海外归来。实话实说,应该定性为一只没有公司、没有股票、没有学位的三无伪海龟。性格 OPEN,人品五五开,不算老实,但天生胆小,杀人不犯法我也下不去手,总体而言属于对人群对社会有益无害的一类。有意者电联,非诚勿扰。"这就是语言创新的魅力,是一种颠覆传统征婚广告的魅力。

颠覆的手段就是创新。创新是一朵颠覆之花，是一件愉快和水到渠成的事，是排列组合的新游戏。从中国黄页到阿里巴巴，从淘宝到支付宝，每个层面的创新，都是一次颠覆的过程，在常识中描绘蓝图，不被忽悠，用强大的执行系统、纠偏系统和危机意识，经历千山万水后，领略颠覆的魅力，感受创新带来的愉悦。没有哪个时代比现在更渴望创新了，李开复在离开谷歌后，创办的一个新事业就叫创新工场。2010年开年的第一部大片《阿凡达》，就让国人领略了什么是创新，引领了一股IMAX和3D风潮，全国上下似乎不谈阿凡达，就落伍了。而同期推出的历史大剧《孔子》，虽然由著名导演胡玫执导，影帝周润发担纲主演，但面对这股创新浪潮时，也无能为力，票房惨淡。

有个朋友说："《孔子》上映的时候，想支持一下孔子，买张盗版来看下，结果小贩说《孔子》没盗，要考虑经济效益；同期推出的由国际巨星成龙主演的新片《邻家特工》也才勉强盗了下，而《阿凡达》在国内上映前4天就看到盗版了。《孔子》都上映几日了，居然连盗版都懒得盗，这个丢人，丢大了。"其实如果不是碰到《阿凡达》，《孔子》也不至于这么惨，《阿凡达》颠覆了《孔子》，这就是创新的威力。

这股《阿凡达》的风还没有刮完，更有甚者，2010年1月25日，著名风景区张家界的"南天一柱"（又名乾坤柱）更名为《阿凡达》剧情里的"哈利路亚山"。据说，张家界还推出"阿凡达之旅"，根据影片中场景让游客感受现实版"阿凡达"，并成立了"张家界市旅游协会阿凡达主题游综合事务办公室"，简称"阿办"。张家界这一系列举措受到了很多网友"崇洋"的批评，但回过头来细想一下，为什么张家界不可以"搭车阿凡达"借势营销？在国外借势的旅游营销比比皆是，"全世界最好的工作"（大堡礁），以及"海底会议"（马尔代夫）都是借势营销,张家界借借阿凡达的创新之势未尝不可,这何曾不是一种创新?

说到创新,马云是善于创新之人中的佼佼者。马云曾在公开场合讲,他很想成为乔布斯。乔布斯是谁?他是"苹果教父",也是一位善于创新之人中的佼佼者。今天风靡一时的 iBook、PowerBook、iPod、iPhone、iPad,就是他的杰作。如今几乎每个企业家都在学习苹果、模仿苹果。苹果的崇拜者会连夜排队,只为聆听乔布斯的一席讲话。乔布斯曾说过一句振聋发聩的话:"活着就是为了改变世界,难道还有其他原因吗?"这种对创新近乎偏执狂的执著,在马云身上也得到了极大的体现。调查显示,乔布斯是美国青年最崇拜的人,而马云则是中国青年最崇拜的人。他们有很多的相似之处。完美而又极端,他们都以完美的创新颠覆着他们身边的世界。乔布斯改变了消费电子的游戏规则;而马云,则是教会中国人正确使用互联网的第一人。

听听乔布斯的话吧:创新无极限!只要敢想,跳出思维的框框,一切皆有可能。如果你正处于一个上升的朝阳行业,那么尝试去寻找更有效的解决方案,更招消费者喜爱、更简洁的商业模式。如果你处于一个日渐萎缩的行业,那么赶紧在自己变得跟不上时代之前抽身而出,去换个工作或者转换行业。不要拖延,立刻开始创新!

案例 1·马云拍电影

马云总能知道怎么去吸引人们的目光,他就像是深邃的夜空镶嵌着繁星,释放出满空的点点星光。2009 年 9 月 28 日,"华谊兄弟"获准在创业板上市,成为内地第一家上市的娱乐圈企业,这家向美国华纳兄弟公司顶礼膜拜、视其为追随目标的娱乐公司,作为国内影视娱乐上市公司第一股,引来投资者的追捧,成为 2009 年中国投资市场最耀眼的名字。它的股东包括王中军、王中磊、冯小刚、张纪中、黄晓明、李冰冰等演艺界明星,其中尤其引人注目的是阿里巴巴集团董事会主席马云以10.97%的持股比例成为第三大股东,成为媒体热议的焦点。这已经是这个月内马云第二次成为议论焦点了,两周前阿里10周年的晚会上,马云以白发魔女妆出场,惊艳宇内。时至今日,这张"惹眼"照片仍出现在不少的财经网站、新闻网站、IT网站,成为这些新闻站点的推荐图片新闻。

如果今后马云在某些导演的电影里出镜,我一点也不会感到奇怪;他此前的精彩表演,早已超过了无数明星大腕。"西湖论剑"、"每天交税100万"、收购雅虎等商业表演个个精彩,尤其是担任《赢在中国》两赛季的评委时,活跃在中国第一大媒体CCTV经济频道上,以独特的视角、幽默的语言、专业的分析、精辟的论述,牵动着万千观众眼球的旋转,"外星人"马云也成为许多年轻人的创业偶像,注定被关注。

被人关注还不够,还要主动被人关注。2004年,马云曾说过这样一段话:"当时大家烧钱,一个下意识的考虑是害怕被人遗忘。被人遗忘:一是被投资者遗忘,一是被媒体遗忘。我觉得,被这两类人遗忘都没事,千万别被客户遗忘。被客户遗忘才是最惨的。零预算怎样做到不被人遗忘? 每三个月到半年,自己到江湖上去说一说。"——不仅要说,还要制造轰动,马云的"狂人"形象由此产生,马云零成本的公关理念展露无遗。这种零公关的策略本身就是一种创新、一种颠覆。马云曾说过:"心中无敌,才能无敌于天下。"爱金庸,好武侠,对上乘武学心驰神往,在今天,马云终于将其创新的"六脉神剑"和"独孤九剑"运用得出神入化,达到了炉火纯青的地步。很多企业都明白,现在广告的本质已经不可信了,大多数消费者对广告都持怀疑的态度。或许因为还没有掌握更有把握的传播武器,虽然性价比大大降低,但企业仍然不舍丢弃"广告轰炸术"。马云和他的"零成本"公关表演,除了宣布

"广告已死"之外,更让我们看到公关创新、营销创新的无限可能性。也许,一次近乎疯狂的"真性情"出场,远远比联想红本女的裸奔、酷库熊的假煽情要真诚得多。

事实上马云在传播上的创新,不仅仅停留在"零成本"的公关策略上,还有他一直有着的电影梦。2000年,他的老朋友张纪中在开拍《笑傲江湖》的时候,马云主动请缨,希望客串风清扬一角,但不知道为什么张纪中没有能够满足他的愿望。不过,马云电影梦的愿望可能快要实现了,"打工皇帝"唐骏的新片《我行我素》力邀马云客串人力资源部总监一角。据说,此片除了马云外,冯仑、俞敏洪、王石、李开复、潘石屹、张朝阳、李彦宏等企业家都将有可能"颠覆性地"出现在唐骏的电影中。不知这些企业家的出演,是不是都在向马云看齐呢?

唐骏介绍,马云会被安排扮演男主角所在公司的人力资源部总监,试图挽留想辞职去创业的男主角,在台词上面甚至要拿马云的容貌开玩笑。这部电影还未开拍,今天我们还不能看到马云在这部片子里的精彩表演,但马云在生活中的精彩表演早就开始了,从"西湖论剑"到"赢在中国",从白发魔女的惊艳造型到邀请美国电影明星施瓦辛格出席网商大会,一次又一次地看到马云倾情出演,一次又一次地吸引了媒体的关注,在这个娱乐的时代里,马云当然明白创新传播的价值。

案例2·做不一样的淘宝天下

2009年4月,浙江日报报业集团社长、浙报传媒控股集团有限公司董事长高海浩,约请刚从美国回来的马云吃饭。席间他问马云和阿里集团的其他几位高管:"为什么互联网军转民后的将近20年里,从美国到中国,全球没有一个传统媒体跟互联网融合成功的案例?"

这一问,就问出了一个全新的《淘宝天下》。

其实，以互联网为代表的新技术是传统媒体必须面对并积极参与的现实，但现在传统媒体所办的电子版、网络版，都只是简单地把纸媒电子化，是被动的，最多只能减少纸质发行的亏损，并没有找到新盈利模式。金融危机一来，就连成熟的美国传统媒体也照样纷纷倒闭。"为什么没有成功？原因我们不去分析了，但结论肯定是：路走错了。"高海浩说。

"那么，有没有可能合作走出一条新的路子来——如果不把它作为一个短期赚钱的机器，而是作为一份事业来做？"在席间，高海浩向马云提出了一个新问题。

快人快语，马云在酒桌上很干脆："我同意你这个观点，但是你敢不敢颠覆？"

只要不涉及底线，有什么不敢颠覆的呢？不就是颠覆传统理念、传统模式、传统的体制机制吗？高海浩也非常激动。

事实上，江浙人都有一种闯的精神，正如在金融领域，支付宝得到了江浙金融机构的快速响应跟积极配合一样。正是如此，支付宝才迅速成为中国网络支付信用的一个开天辟地的创新之作，并一举打通了 C2C 网上交易的支付瓶颈。

两个人一拍即合。高海浩提议，浙报集团与阿里巴巴联手在两件事上发力，一个线上产品，一个线下产品。新刊名字，"干脆叫淘宝天下吧。"

淘宝网有 1 亿多的年轻用户，主要年龄层在 15 岁到 30 岁。这批人不要说报纸了，电视都不看，这正是传统媒体所流失的，又是传统媒体最需要的。而淘宝同样想要一个载体、一种工具，将淘宝用户进行分级，同时能将统计数据提供给淘宝的会员与阿里巴巴的客户群，作为线下的、增值的购物指南。"我们有电子商务客户的积累、对电子商务的观察、在电子商务领域的经验；浙报集团有60多年办报的理念、流程、管理规范，这是很好的结合。"同在饭局里的阿里巴巴集团副总裁王帅看到了两家的结合点。

《淘宝天下》的巨大前景使得大家都不屑于计较细节的投入，惯常路数的品牌、刊号等无形资产的估值被直接略过。6月6日,双方正式签下《淘宝天下》的合作协议,以总计5000万元的现金出资,成立淘宝天下传媒有限公司,浙报集团以旗下钱江报系为主体掌握51%的控股权,阿里巴巴旗下淘宝网占49%。浙报集团把旗下的周刊《城市假日》变更成了《淘宝天下》。由淘宝网延伸出的线下读物就此问世:把网上庞杂的商业信息梳理提炼成纸质版本的"淘宝",卖给没时间在网上精挑细选,甚至不上网的读者们。

一开始,淘宝天下团队提出来的发行方案、广告方案并不能令马云满意:"第一次听他们汇报都是老一套:找邮局,要进这个报摊、那个报亭……广告也是。"

纸媒,尤其是报纸发行不赚钱,素来是中国传统媒体行业发展的最大掣肘。报纸为了扩大发行量往往刻意压低定价,因此发行量越大,亏损得越厉害,只能靠广告收入来填补。这一发行套路正是高海浩极力主张改造的。"发行赔钱广告补的模式导致媒体扩张非常受限,做大做强很难。"

高海浩和马云坚持,淘宝方提供的新刊发行模式和广告模式必须全部创新。那么这份新报纸如何递到读者手中?有资源好办事,大家把目光投到了淘宝巨大的网上交易和物流系统上,高海浩说:"老马,你这个物流系统每天运送上千万个包裹,为什么不能用来发行《淘宝天下》呢?"

马云说,理论上是完全可行的。于是,同几家与淘宝有大量物流合作的公司谈过之后,《淘宝天下》采用直投的方式发行。

9月10日,阿里巴巴成立十周年的纪念日当天,《淘宝天下》创刊号在淘宝网上的"淘宝天下官方旗舰店"发售,在数以万计的买家和卖家们追捧下,8万份第一期《淘宝天下》从浙报印务公司出发,随着淘宝的包裹发往全国。

创新的颠覆力量是巨大的。高海浩回忆起来非常兴奋:"我办报这么多年,从没有过这种愉悦感,几秒钟刷新一下(订户)增加了10份,几秒钟刷新一下又增加了5份,而且订户都是当时就通过支付宝完成了交费。那天把淘宝后台的服务器都刷爆掉了,他们也从没有一个商品卖得这么火过,那种感觉真好啊!"

在为期3个月的筹划期里,双方的公司高层还开了4次关键的研讨会,确定新刊的方向、模式及执行团队。按照各自的强项,浙报集团由子报系钱江报系的一把手冯卫民带队,提供优秀编辑团队;阿里巴巴则由负责传媒的副总裁王帅为首,贡献经营与技术团队。

高海浩对新团队寄予的厚望不是创收而是创新。"头号任务是要摸索出一个传统媒体如何跟互联网资源融合的、可复制的发展模式,这个才有真正的大价值。"

内刊胜过外刊。执行团队合作之始,单是新刊内容是服务消费还是引领时尚,两方发生过好几次争执,首个分歧就是理念。浙报团队每个人都有新闻从业背景,他们对《淘宝天下》最初的理想是做一本中国最牛的时尚类杂志,对淘宝团队提出做服务的理念有些排斥,认为这会把新刊做成"淘宝网内刊"。

身兼《淘宝天下》副董事长、总经理的王帅则从反向来思考:首先,时尚类报刊已经是竞争激烈的红海。其次,需要达成的共识是,现在单是淘宝网就有1.4亿规模的网购者,未来还可能增长到4亿,这个庞大的消费群每日能给淘宝提供精准的消费潮流引导。"这种通过数据自下而上分析出来的消费潮流,是时尚类杂志绝对做不出来的。它可以告诉你今年穿这个裙子最有品位,但是我淘宝网知道的是,今年哪一条裙子最受女孩子欢迎,因为它被点击了6000万次。一般时尚杂志可以告诉女孩子怎么爱护乳房,但我可以告诉你的是中国女性有78%胸围是多大,因为今年我卖出去8000万件的文胸里面78%是什么罩杯。"

硬道理面前,高海浩要求浙报集团过去的编辑团队要调整心态,把以往新闻人的身份放低。"我们根本还没搞明白什么叫互联网、什么叫淘宝,就想去引领读者?先把服务做好了,淘宝用户本身的购物行为就是时尚!"

为了真正感受到淘宝的文化、客户的喜好,浙报集团要求编辑团队全体到淘宝总部去上班。"你不能坐在家里去想用户发出什么声音,作为一个团长要到战场、要到离前线最近的地方去。"

"什么是新媒体? 过去我们太多纠缠于介质问题。"高海浩说,"我现在给《淘宝天下》的定位就是'纸质的新媒体'。真正意义上的新媒体,其理念、体制、支持和运行模式都应该是全新的。"

为了支持《淘宝天下》,阿里巴巴又自行追加了超过 2 亿元来改进后台系统。马云下此决心的一个原因固然是看到了新刊强劲的销售前景;另一个原因则在于淘宝后台系统还负有另一项重任:支撑《淘宝天下》全新的广告模式。

创刊之始,《淘宝天下》是通过在文章与配图内附上搜索关键词来完成购物推介。被推介过的物品与店铺确实点击量激增,但却无法界定其中哪些是由《淘宝天下》的读者带来。此外,对淘宝上多数店铺来说,传统报刊上 10 万元级别的广告报价门槛太高,就算是支付得起广告费用的大品牌,有时也不清楚广告投放后的确切效果。

于是,淘宝天下改变了策略,又一次打出了免费的大旗。怎么免费呢? 在传统媒体做广告,需要一次性投入一笔资金,然而,在《淘宝天下》,先期刊登的广告、产品,可以是免费的,这不亏死吗? 不会,因为它有秘密武器——淘代码。

12 月起,进入了状态的淘宝天下团队进一步提出了一种被称作"淘代码"的全新广告模式——原本《淘宝天下》的刊例上,一则普通内页的轻涂纸全版广告报价是 10.8 万元,而《淘宝天下》、《更便宜》还开出了 1000 元的初始登载价格,这与动辄 10 万元的广告费相比,简直就是免费,并在每则广告上附有一个编码,如果读者在网上通过输入这个代码进入了店铺页面,则会被淘宝的后台系统计数,《淘宝天下》据此对广告主进行二级收费;如果买家进一步完成了交易,交易额等数字同样会进入淘宝的后台统计,《淘宝天下》则第三次收费。"这样的话,一个版的广告可能会做出 10 个版的效应来。"高海浩说。在他的设想中,"淘代码"除了有分次收取广告费的功能外,在未来,部分号码甚至还可以考虑像手机号、QQ 号一样拍卖。

对这本推荐生活与消费方式的新刊来说,抓住淘宝网上平均年龄 26 岁的年轻用户群,内外页面上每一个图片、每一则文字都是可植入的广告位。这就是高海浩所说的"大账"所在:"我们这个报纸就是给他们看的,先面向长三角,逐渐铺向全国。明年我们目标发行量是 50 万份,后年争取达到 100 万份,根据现在的理论测算,到时候广告可能达到 8 亿。就算打一个对折到 4 亿,那也不得了。"

单是《淘宝天下》这份产品,今后还可以推出纸质版、视频版与网络版三种形态,并根据东部沿海、港澳等不同区域细化成不同版本。甚至,这种商业模式被证明可行之后,还可复制到其他领域。

新华日报报业集团、四川日报报业集团、南方报业集团南都报系、天津日报集团今晚报业等同行已经嗅着"淘代码"的市场机会纷纷找上门来,希望分享《淘宝天下》在各地落地的收益。在 12 月 4 日出版的第 13 期《淘宝天下》上,四川地区的征订代理已经印上了《天府早报》的社址。

朱德付曾是"冠盖满京华"的党报老兵,人民日报社、南方日报社待过近 20 年……年近 50 突然辞去公职跑到阿里集团,掌舵"淘一代"的精神导刊《淘宝天下》。7 月份宣布改版到 8 月底,短短 56 天,完成了 5400 万元广告销售、30 万份发行的任务,这一数字也使《淘宝天下》成为国内实发量最大的时尚生活类周刊。

30 万份订阅中,有一半的量向淘宝大卖家发行。杂志社、卖家、买家之间,一个微妙的关系圈:卖家订阅大量杂志赠给买家;杂志激发买家购物欲望;买家促进卖家销售;卖家增加订阅。

《淘宝天下》打破了以往"内容—发行—利润"的运作模式,颠倒为"发行—利润一内容"模式。"首期我们订出去 18 万份周刊,钱都到手了,可那时内容还没写。我们根据会员的需求定制内容,每期都是如此。"

因为有极其精确的订户,周刊的印刷发行做到极其环保。"传统刊物印 1 万本只能在报摊上卖 5000 本,其他就成了旧刊。我们是订多少印多少,我是社长,分到手只有每期 5 本,多了要自己掏钱。"

精准数据保障按需定制。朱德付给记者举了个例子。"比如商家是做钻戒的,他希望定制 5 万份有自己品牌介绍的刊物,我们可以帮他把周刊送到目标客户手里——因为我们有淘宝数据,知道谁最近在浏览婚纱、婚戒,谁有需求。"

如果没有酒桌上马云的挑战:你敢不敢颠覆?如果没有高海浩激动的回应:有什么不敢颠覆的呢?就没有今天的《淘宝天下》。新的发行模式、新的广告模式、新的办刊模式就这样创新出来了,某种程度上,只有创新,才能颠覆。

案例 3 · 就是要进军美国

1995 年,马云在硅谷发现互联网领域的商机,15 年后,他要把中国机遇带到美国。

马云扩张美国市场失败过。马云承认如果不是关明生壮士断腕,可能阿里就没有今天。但是进军美国,做国际化的大生意,却是马云从来不曾放弃的目标。施瓦辛格在网商大会上谈到了阿里在加州的发展,他说,阿里巴巴已在美国加州开展业务,并为加州创造了 2 万个就业机会。他打趣说:"过去人们说阿里巴巴是中国的 eBay,现在我们可以说 eBay 是美国的阿里巴巴!"施瓦辛格希望阿里巴巴能更频繁地到加州并开展更多的业务。

此前就在金融危机之后,阿里巴巴已经计划投入 3000 万美元作为海外市场营销费用，其中多数将用于美国。有消息称，阿里巴巴计划将美国的员工数增加1倍至近50人。目前在北美B2B市场已拥有100万企业用户。

马云又一次去了美国。但与以往不同，这次出访对阿里巴巴来说意义重大：不仅仅为了招揽一批廉价的硅谷精英，更重要的是试图在低成本的商业环境下推动阿里巴巴大规模海外扩张计划。

进军美国市场，这是阿里巴巴在国内市场发展到一定阶段之后，实施"走出去"计划的一部分。阿里巴巴首席执行官卫哲表示，尽管经济可能持续不景气，但是阿里巴巴却希望借此机会为今后的发展投放更多资源，使业务在未来变得更为强大。他称，2009年将会是阿里巴巴投资及扩展的一年。

据了解，阿里巴巴在考察期间拜会了雅虎、微软、谷歌、苹果、eBay、星巴克及通用电气等公司主管，并进行了"极好的"会谈。而且马云将与其中两三家公司进一步谈判，可能会敲定协议，预期未来三到六个月内，可能提出多达3件结盟提案。

"现在是最佳时机，我们认为如果在未来2个月能实现扩张将是最好的。这也是我们非常愿意寻找合作伙伴的原因。"马云表示。不过他也说，如果这些结盟谈判不成功，阿里巴巴也会独力推动其在美国的扩张计划。

市场分析机构Forrester Research发布的电子商务分析报告认为，2009年大量美国用户会将购买渠道从传统零售商转向网络零售商，这在一定程度上可以抵消部分客户削减开支所带来的影响。该报告还称，美国网络销售额在2009年预计将增长11%，达到1560亿美元。

事实上，阿里巴巴已经在部分海外市场跑马圈地，并且收获不小。通过与B2B专业媒体公司Infomedia合作，其印度用户数已逼近100万，成为市场龙头。去年11月，阿里巴巴与日本软银启动中日"ETC"项目，希望借助其贸易平台将日本商品进口到中国。

从电子商务的未来发展来看,全球化是一个趋势。阿里巴巴和淘宝在国内取得了巨大的成功,证明了马云的判断是正确的。从阿里巴巴创立的那天起,马云就没有放弃过美国市场。

事实上,以作者曾研究过的"联合国供应商"这个产品的经验来看,其实全球交易最大的障碍就在于信息不对称、资讯不畅通。今天的交易量远远小于实际的需求。需求与价格似乎是成反比的,价格越便宜,需求越多。这很自然,如果便宜,支付得起,当然会需要更多的消费品。举例来说,淘宝的交易量惊人,而且即便后来马云用很多资源流量引导到 B2C 的大型网店,这其实也是淘宝今天频频出现争议的问题之一,最终便宜货的淘宝交易量还是远远大于大型网店的高价产品。这就说明了,便宜的商品自然有很大的交易需求。同样,中外贸易,相当大的交易也是因为中国制造便宜、物美价廉。为什么屡屡出现贸易顺差,这不奇怪,奇怪的只是顺差还不够大,这就是信息还不够通畅。

网络可以解决这个问题,其实现在最大的障碍似乎都不是技术,而是语言,今天已经有很多能看懂英文的人从国外买东西了。反过来,如果马云提供这样一个解决了语言问题和交易障碍的平台,大量的外国人能够在这个平台上购买中国制造的话,这个交易量也是惊人的,相当于把中美贸易搬到了阿里巴巴和淘宝上。因为,便宜货谁不喜欢呢?有好的商品可以提高生活质量。而这个趋势几乎是不可阻挡的,微软的比尔·盖茨说了,要么电子商务,要么无商可务!非常肯定,问题只是谁来做这个事情而已。

谁有这个战略的眼光呢?马云。马云在阿里巴巴创建的时候就频频到美国去宣传电子商务,因为电子商务一定是两头的,一头是供应商,一头是采购商,最大问题其实还是采购商,要有巨大的采购需求,才能带动交易平台。马云一得到孙正义的 2000 万美元,第二个月就飞到海外去了,要把红旗插到全世界,虽然那次的扩张失败了，但出发点是没错的，只是时间和资源不对等，那时的阿里还不够有钱，实力还不够大。所以，马云上市了，融资量惊人。这说明了一个问题，全球投资者都认同了阿里巴巴的这个商业模式，并认为很有投资前景。另外，马云也准备了足够的钱，这让他能在金融危机的时候，还可以逆向投入 3000 万美元去美国宣传。

对于阿里巴巴的上市，新浪前 CEO 王志东表示，"阿里巴巴在中国互联网 B2B 领域创造了一个奇迹，阿里巴巴走出了一个很独特的商业模式，取得了巨大成功，也是中国互联网界的骄傲。国际投资者对阿里巴巴的热捧是对阿里巴巴商业模式的认可。阿里巴巴的业务是全球化的，得到投资者的认可是很正常的事情。阿里巴巴上市也赶上了一个最好的时光，天时地利人和。"

接下来的事情就是如何尽量地全球扩张，并且以最少的钱实现最大的营销效果。在国内马云精于营销，并以零公关著称于世，那么在美国呢，在全球呢？如果马云真的如他所说，颠覆沃尔玛，并打造出真正能让中国人扬眉的阿里巴巴，这就是中国互联网以至中国企业史上最大的颠覆和最大的创新，我们拭目以待。

据悉，为实现全球扩张和赢得更多的海外用户，阿里巴巴已经准备了两年之久。马云手握的充裕现金流，也使其在海外扩张的道路上走得更加从容。2009 年 3 月 19 日公布的财报显示，截至 2008 年 12 月 31 日，该公司现金和银行结余达到 66.12 亿元人民币，较 2007 年年底增长 25%。

在全球经济不景气的环境下，阿里巴巴业绩"逆势"上扬，远超市场预期。花旗集团分析认为，对于今年需求的情况仍需予以关注，但该机构相信阿里巴巴高水平的递延收入，可支持未来几个季度的发展。

eBay、亚马逊占据了大部分美国市场份额，但是美国市场的发展空间依然很大。根据 Forrester Research 的预测，2009 年全美在线销售额占总体销售额的 6% 左右。

在美国,eBay 在 C2C 领域的地位难以撼动,但其 B2B 业务却始终是短板,而阿里巴巴 B2B 发展迅速。摩根士丹利分析师季卫东称阿里巴巴在国内 B2B 市场份额将超过 60%,并且还将迅速提高。如果马云能够成功说服 eBay 接受阿里巴巴贸易平台,那双方的合作将存在共赢的可能。

本章启示

明月照大江

2010 年 1 月 24 日,支付宝首席产品体验师白鸦在其个人博客上发表了名为《7 年之梦》的博文,回顾了自己投身互联网 7 年以来的心路历程,透露了下一阶段的努力目标。在标题为"入梦"的段落中,白鸦特别"曝光"了 2010 年支付宝年会的部分细节。颇令人意外的是,根据白鸦透露的内容,由于对支付宝的用户体验十分不满,马云当场将支付宝总裁邵晓锋"骂哭"。

以下为支付宝首席产品体验师白鸦的博文中的相关内容:

2010 年 1 月 22 日下午,支付宝年会。一场特殊的年会。

开场,所有支付宝人一起听了十几个客服电话录音。这些"用户的声音"不是歌功颂德的赞扬,而是 10 个典型的用户对支付宝的指责、抱怨、无奈、骂、恨、批评。然后,客户满意中心的代表现场告诉大家"我们的体验是如何糟糕,用户是如何承受着折磨";BD 团队的代表现场告诉大家"合作伙伴是如何对支付宝的高期望,同时又是如何的失望和无奈"。

所有支付宝人,陷入了沉思……

郭靖(郭靖是邵晓峰在集团内的别称,每个阿里人都有自己的别称)在紧接着的讲话中也表达了自己对支付宝用户体验的不满，并强调支付宝的未来掌握在用户手上，重视用户体验必须成为支付宝的第一要务。

马总在后面的讲话中，更是毫不客气地对支付宝的用户体验做出了评价："烂，太烂，烂到极点。"并强调如果不重视用户的体验，支付宝会慢慢死去。马总说我们现在醒来还有机会，必须大胆地创新，必须在用户体验上放开手脚，必须勇于承担责任。

郭靖哭了，一个铁打的汉子哭得稀里哗啦，他说："我不服，支付宝的体验一定可以做好。"15个高管像15个犯错的孩子，站在台上，面向所有员工，面向所有用户，哭着为支付宝糟糕的体验反思，为明天的行动作保证……很多同事都哭了。

整个年会，似乎只有四个字："用户体验"。这个年会让我的脑袋彻底空了，空荡荡的，什么都没有。我整个人空荡荡地飘了起来，上台领那个总裁特别奖的时候恍恍惚惚不知道该说什么，也没有勇气去碰那个象征着用户体验精神的奖杯。会后这两个晚上彻底失眠。

创新，只有创新才能实现颠覆。在马云看来，支付宝已经越来越保守，越来越怕承担责任，业务发展最急需的创新勇气，被自我营造的无形监管气氛严重束缚。在2010年支付宝年会上，马云说："成立支付宝本来就需要勇气，做支付宝更需要勇气，发展支付宝需要的勇气就更大。"马云不光说了，也做了。2010年1月末，马云派出阿里巴巴集团首席人力资源官彭蕾任支付宝公司首席执行官。原支付宝总裁邵晓锋虽职务不变，却已基本失去控制权。在完成与彭蕾的交接后，3月份，马云对内宣布免去邵晓锋支付宝总裁一职，调任其为阿里巴巴集团秘书长。

事实上，创新一直伴随着阿里巴巴。在公众的心目中，阿里巴巴是一家走在行业前列的高科技企业。但马云并不认为自己是一家高科技企业,而是一家传统服务企业,它就是利用互联网让全世界的商人做生意不再困难。这不是自谦之言,恰恰是抓住了创新的核心。在马云看来,是什么企业无关紧要,关键是,始终紧紧围绕服务客户、服务市场来推进创新。

阿里巴巴全球首创的面向中小企业的 B2B 电子商务经营模式,就充分体现了这一点。考虑到中小企业用户的经济承受力和市场成熟度,阿里巴巴在经营模式上舍弃了当时美国普遍采用的交易费模式,首创了会员制模式。会员制模式并不复杂,阿里巴巴对信息服务会员实行免费,会员可以随时查询阿里巴巴电子大集市上的商业信息;如果客户在阿里巴巴上找到了合作伙伴,想进一步了解他们的详细资料和联系方法,阿里巴巴推出的收费服务产品"中国供应商"可以满足他们的需求。而正是这看似简单的收费模式,确立了阿里巴巴在 B2B 电子商务领域的品牌,也确立了阿里巴巴的盈利模式。

为解决电子商务最大的瓶颈——信用问题,从 2001 年 9 月起,阿里巴巴创新推出了企业商誉的量化工具"诚信通",以传统的第三方认证、合作商的反馈与评价、企业在阿里巴巴的经营活动等为内容,为每个使用该服务的企业建立网上信用活档案,从而把阿里巴巴打造成一个诚信、安全的网上电子商务平台。

同样,为了解决电子商务的在线支付信用问题,阿里巴巴又创新推出了支付宝,与国内各大银行以及 VISA 国际组织等金融机构建立了战略合作,为用户提供安全、方便、个性化的在线支付第三方信用服务。支付宝成为中国电子商务发展的一个里程碑,被评为"2005 年中国最具创造力产品"。

1. 创新就是独辟蹊径

马云经常说如果大家都同意的方案就要丢到垃圾桶里,大家都看到的路一定很挤。反而是别人担心、犹疑,不敢去走的路,如果你知道可以走通的话,往往是最快的路。记得有一次下大雨,打车回家,大路被堵得死死的。这时候司机说,要不我们走另外一条远一点的路吧,于是走了一条绕远的路,结果一路上没什么车,很快也就到家了。到家后在电视新闻里看到,当晚原来的那条路堵车堵到了凌晨两三点。大家都知道的,经常走的路,往往会有竞争,尤其是企业做市场,草根创业,肯定会碰到竞争,越是大家都认同的,竞争一定越激烈。所以,要独辟蹊径,不走寻常路。

　　曾经有过这样的一个故事:路易斯是美国的广告大师,也是创意大师,往往能用别人想不到的方法做出惊人的创意,实现最好的效果。有一次,一个朋友找到他,说有没有办法帮助促销一批汽车,每辆车降价几千美元不等,看能不能打个广告,但是没有太多的费用。路易斯想了想,建议在每辆车上贴几块创可贴。然后他的广告是这样写的,某品牌汽车处理一批有刮擦的新车,由于有不等的刮痕,每个刮痕优惠1000美元。广告出去之后,很多人来看,有些人特意把创可贴揭下来,想看看到底刮痕有多严重,结果可想而知,其实本没有什么刮痕,所有的汽车在广告投放当天就全部卖出去了。

　　这就是一个绝对不走寻常路的例子。如果是我们经常看到的促销,大家都是普通的想法,肯定是请些吸引眼球的表演,不是唱就是跳,花了很多钱,结果促销完了,大家是冲着小礼品去的,估计车也没卖几辆。但路易斯想到,谁都喜欢贪便宜,一条刮痕1000美元噢,消费者一定这么想,我捡到大便宜了。这就是创新,出奇制胜。

　　2. 解决了问题就是创新

　　亚细亚的中心城市戈尔迪乌姆的卫城有一座宙斯神庙,庙内有一辆战车,车轭和车辕之间用绳结成一个扣,从来没人能解开,这个结被称为"戈尔迪乌姆之结"。有预言说:能解开这个绳结的人,就能成为亚细亚之王。公元前334

年,亚历山大大帝来到这里,对他这次远征的目标,不仅仅是征服亚细亚,更是征服亚洲。亚历山大命人带他去看这个神秘之结。见到了绳,但见不到绳头和绳尾。亚历山大拔出剑,在空中一挥,手起剑落,绳结断开。亚历山大挥剑斩断乱麻的时候,就是创新。

短短 56 天,完成了 5400 万元广告销售、30 万份发行的任务,这一数字使《淘宝天下》成为国内实发量最大的时尚生活类周刊。30 万份订阅中,有一半的量向淘宝大卖家发行。杂志社、卖家、买家之间,一个微妙的关系圈:卖家订阅大量杂志赠给买家;杂志激发买家购物欲望;买家促进卖家销售;卖家增加订阅。

如果没有酒桌上马云的挑战:你敢不敢颠覆?如果没有高海浩激动的回应:有什么不敢颠覆的呢?就没有今天的《淘宝天下》。这一切都是起于一个问题:为什么互联网军转民后的将近 20 年里,从美国到中国,全球没有一个传统媒体跟互联网融合成功的案例?

这一问,就问出了一个全新的《淘宝天下》。

新的发行模式,新的广告模式,新的办刊模式就这样创新出来了。创新其实也很简单,只要你敢于颠覆,创新只是去解决存在的问题。

3. 创新要放下包袱

兔子是奔跑冠军,可是不会游泳。有人认为这是小兔子的弱点,于是,小兔子的父母和老师就强制它去学游泳。兔子耗费了大半生的时间也没学会。它不仅很疑惑,而且非常痛苦。看看我们的四周吧!大多数公司、学校、家庭以及各种机构,都遵循一条不成文的定律:让人们努力改正弱点。我们整个教育制度的设计,就像捕鼠器一样,完全针对人的弱点,而不是发现和激励一个人的优点与特长。公司经理人把大部分的时间用在有缺点的人身上,旨在帮助他减少过失。父母师长注意的是孩子成绩最差的一科，而不是最擅长的科目。几乎所有的人都在集中力量解决问题，而不是去发现优势。人人都有这样的想法，那就是：只要能改正一个人的缺点，他就会变得更好。最终的结果却只有一个：造就无数平常、平庸的人或公司。

学会放下包袱。

4. 创新还要一点点坚持

"压力是躲不掉的。一个企业家要耐得住寂寞，耐得住诱惑，还要耐得住压力，耐得住冤枉，外练一层皮，内练一口气，这很重要。"马云说，"武林高手比的是经历了多少磨难，而不是取得过多少成功。"

这让我想起金庸在《倚天屠龙记》里那句话，"他强由他强，清风拂山冈；他横由他横，明月照大江。他自狠来他自恶，我自一口真气足。"的确，外练一层皮，内练一口气，这口气，就是创新，这个真气，就是创新。当一个企业达到一定规模的时候，可能资金、资源都不再是最迫切的问题的时候，而创新仍然是最核心的生命线。

马云是一个超级有底气的人，这个底气来自于哪里？让天下人没有难做的生意，这个底气来自于哪里？颠覆沃尔玛，这个底气来自于哪里？读完本书，可能读者跟作者都有一个共同的感觉，就是这句"明月照大江"。正如作者经常跟同事说的一句话：如果你想做一件事，就有一万种方法；如果你不想做一件事，你一定会有一万种理由。马云就是有心中的这个梦想，这个顽强的念头，像乔布斯一样想改变这个世界，所以，对他来说，一切都不是问题。

把生意做到美国去，做到全世界去。这个想法马云从来没有放弃过。马云在阿里巴巴创建的时候就频频到美国去宣传电子商务。马云一得到孙正义的2000万美元，第二个月就飞到海外去了，要把红旗插到全世界。在金融危机的时候,马云逆向投入 3000 万美元去美国宣传。

如果马云真的如他所说,颠覆沃尔玛,并打造出真正能让中国人扬眉的阿里巴巴,这就是中国互联网以至中国企业史上最大的颠覆和最大的创新,我们拭目以待。

第五章

颠覆需要高效的执行力

执行力是怎么变得稀缺的？

团队越大，执行力越差，这是真理。所以，随着中国经济越来越大，中国企业越来越大，关于执行力的困扰也越来越大，很多企业的老总都把执行力当成第一大问题，而有关执行力的书籍和培训如雨后春笋般成为热销品种。

以前作者带团队，总是着急上火，为什么呢？团队里的人，要么是不爱做事，下班就溜；要么就是做出来的东西不符合要求，简直是一无是处；要么呢，就是推三阻四，一个小小的邀请函可以写整整两天还说忙。有时候，就自己包办了，可是包办了一时，包办不了一世，等到真的项目上来了，还是得大家一起干，这问题就出来了。领导看在眼里，有一次私下聊天，就跟我说，你的团队其实已经很不错了，你不要以你自己的效率标准，去要求团队也达到你的效率水平，其实，团队越大，效率越低，这是很正常的。毕竟两个人再好，也不可能像你自己的手和脚，像你自己的脑子那样听你的使用。

听了这话之后，我突然像醍醐灌顶一样，这话太对了：两个人再好，也不可能像你自己的手和脚啊！别人有手有脚，你要调动别人的手脚，当然需要智慧，管理就是要把看上去没有效率的团队,变成有效率的团队,这就需要磨合、默契、流程、分工以及一系列的战术动作。你看那些特工电影,都有自己的交流语言、手势、特定的一整套动作流程,而且经过了千万遍的训练才能达到实战要求的完美配合。

《左传》曾经记载这样一个故事:春秋时期,吴王阖闾为检验孙武这个"学院派"军事家的水平,让孙武训练 100 名由吴王的宠姬、宫女组成的娘子军。但这群娘子军根本不把孙武放在眼里,不听号令。于是孙武当即以违反军法的罪名斩杀吴王的两名宠姬。结果,这群娘子军再也不敢拿军法当儿戏,对孙武唯命是从,成为训练有素的军人。正是印证了那句古话:兵不斩不齐,将不斩不勇。

在一个企业中,领导者有时甚至经常会遇到与孙武同样的问题,政策、制度制定出来了,却难以贯彻执行。从现代企业管理角度讲,这就是执行力的问题。理念、政策、制度再先进,如难以贯彻执行,也只能成为一纸空文,结果往往是一流理念、三流执行、下流业绩。正如海信集团总裁周厚健所说:"执行力低下是企业管理中最大的黑洞。"我们中国人常常喜欢讲,上有政策,下有对策。这固然深层次反映了一种国民心态、一种官民关系,又何尝没有反映源远流长的"执行力"缺失呢。

马云与孙正义曾经探讨过一个问题:一流的点子加上三流的执行水平,与三流的点子加上一流的执行水平,哪一个更重要?结果两人得出一致答案:三流的点子加一流的执行水平。显然,优秀的领导者更注重执行能力。马云就曾将阿里巴巴称之为"一支执行队伍而非想法队伍",他将执行力提高到核心竞争力的高度。马云在不同场合反复强调,有时去执行一个错误的决定比优柔寡断没有决定好,因为在执行过程中你可以发现和改正错误。

显然，优秀的领导者更注重执行能力。马云就曾将阿里巴巴称之为"一支执行队伍而非想法队伍"。他在不同场合反复强调，有时去执行一个错误的决定比优柔寡断没有决定好，因为在执行过程中你可以发现和改正错误；一个决定有90％的人认为正确的时候，你就应将它扔到垃圾箱里去；如果一个决定让一半的人争吵不休，那么这件事就颇有一试的味道了。阿里巴巴不是计划出来的，而是"现在、立刻、马上"干出来的。

马云回忆当年创业的日子时说："湖畔花园那段时间，我们争论的东西太多了。有的时候争论过了头，个人情绪化的问题都爆发了出来。所以我们提出了一个价值观叫做：简易。要非常简单。我对你有意见，我就应该找你，找到门口，谈两个小时，要么打一场，要么闹一场，我们俩把问题解决掉。如果你对我有意见，你不来找我，而是去找第三方的话，你就应该退出这个团队。"

马云还说过："因为我不懂技术细节，而我的同事们都是世界级的互联网顶尖高手，所以我尊重他们，我很听他们的。他们说该这样做，我说好，你就这样去做吧。试想一下，如果我很懂技术，我就很可能说：那样没有这样好。我会天天跟他吵架，吵技术问题，而没有时间去思考发展问题。"最聪明的人永远相信别人比自己聪明，聪明的人是智慧的天敌，自认为很聪明的人，很难成为智者。

对于马云来说，执行力还有更重要的意义，他做的事情很大，甚至连他自己都没有想明白怎么做。所以，如果等马云把一切都想明白了，黄花菜都凉了。但马云做的事情不能等，否则他也不会放弃外经贸，放弃高薪带着团队毅然重新创业，因为他看到时不我待，他很像是大导演王家卫，很多时候他自己都没有脚本，但他知道方向在哪里，怎么依据登场人物的临场反应来安排，虽然所有的演员都不知道自己到底在演什么……这种"云中漫步"式的导演手法恐怕跟马云有点像,但马云的团队比王家卫的演员好一些,他们知道他们是在做一件大事。马云自己带着他的团队一起在摸索,用他自己的话来说,就是:"我们现在好像在建一个大楼,今天是装一个水管,明天是安一个马桶,所有的事情都是乱七八糟的,而且经常改来改去。现在只有一个大概的轮廓……"

马云北上时,从中国黄页公司挑选了 8 个伙伴一起出发,在他的印象中最值得自豪的是两年后这 8 个人一个都不少地又跟着他从北京回到了杭州。除了马云是个人的创业冲动驱使之外,另外 8 个人必须要克服的因素在旁人看来几乎是无法克服的。他们必须越过类似新浪雅虎的高薪诱惑、继续在外经贸部干下去的前景诱惑和跟马云回来前途迷茫的恐惧这样的障碍。而从这里,我们已经看出作为一个团队,北京之行以外,未来阿里巴巴公司的核心已经形成。而在北京的这段日子里,他们几乎结识了所有在中国互联网中后来有所作为的人物,而且在对方心目中都留下了印象。

从某种意义上说,马云就是一个教父,但他不是邪教的教父,也不是一个施用迷魂大法的巫师。他是一个伟大理想的布道者,是一个辉煌梦想的鼓吹者。人们都知道马丁·路德·金的"I have a dream!"今天随着阿里巴巴的声名远播,愈来愈多的人知道了马云的"I have a dream":做一个中国人办的全世界最好的公司,做一个世界 10 大网站之一,做一个 102 年的企业!

执行力是最体现马云颠覆智慧的一部分,也是马云最为人称道和精华的部分。所以,在这一章,我要狠狠地写,他怎么颠覆的,他的团队、他的文化和价值观、他的六脉神剑、他的个人品牌、他的"山不就我我就山"的变通。他能坚持,对于他认定的东西,他一直狠狠地坚持着。

案例1·有了想法就要执行

阿里巴巴创立之初，马云有一句很著名的话："你们立刻、现在、马上去做！立刻！现在！马上！"可以看出，马云之所以成功，不在于他有一个天才的头脑，不在于他有个恢弘的远大理想，而在于他在不断将头脑的东西落实出来，执行出来，做出来。"立刻、现在、马上去做！"

"其实最大的决心并不是我对互联网有很大的信心，而是我觉得做一件事，经历就是一种成功，你去闯一闯，不行你还可以调头；但是你如果不做，就像晚上想想千条路，早上起来走原路一样的道理。"马云提起当初，赞赏的是自己的勇气而不是眼光。1999年3月，马云在北京取经回来杀回杭州创业，阿里巴巴网站正式推出。马云和他的伙伴们把各自口袋里的钱掏出来，凑了50万元，开始创办阿里巴巴网站。

要让别人首先知道阿里巴巴，他是这样想的，也是这样做的。1999年至2000年，马云不断实施着一个战略行动。他成了"空中飞人"，不停地往返于世界的每一个角落，几乎参加了全球各地尤其是经济发达国家的所有商业论坛，去发表疯狂的演讲，用他那张天才的嘴宣传他全球首创的B2B思想，宣传阿里巴巴。他如同一台不知停歇的机器，一台演讲机器。有时一月内可以去3趟欧洲，甚至一周内跑7个国家。他每到一地，总是不停地演讲，他在BBC做现场直播演讲，在麻省理工学院、沃顿商学院、哈佛大学演讲，在"世界经济论坛"演讲，在亚洲商业协会演讲。这个瘦弱的男人大声地对台下的听众喊道："B2B模式最终将改变全球几千万商人的生意方式，从而改变全球几十亿人的生活！"

马云在忙碌，他的创业合作伙伴也没有停歇。一段时间里，他们每天工作16~

18 个小时。他们日夜不停地设计网页,讨论创意和构思。很快,马云和阿里巴巴在欧美名声日隆,来自国外的点击率和会员呈暴增之势！马云和阿里巴巴的名字就这样被《福布斯》和《财富》这样的重量级的财经媒体所关注。于是,2000 年以高盛为首的多家公司,向阿里巴巴投入了 500 万美元风险资金,软银老总孙正义要给马云 3500 万美元的投资(马云嫌多只接受了 2000 万美元)。

2001 年以后,以及接下来相当长的一个时期内,阿里巴巴在国内沉默的同时,一直积极地在国外扩大自己的影响。这种努力的最高峰体现在 2003 年,在伊拉克战争就要打起来之前,马云认为他找到了在西方世界扩大影响的最好时点,他要把已经将目光投向中国的西方商人拉到阿里巴巴这个工具平台上来。于是,在此时,一向不太投放广告的阿里巴巴破例在美国 CNBC 电视上投放大量广告,这个动作比之后中国商务部在海外投放中国制造的形象广告又要早了很多,也许商务部也是受此前曾在外经贸打工的马云的启发呢。

马云投放这些广告的基点在于,他认为伊拉克战争是聚焦全球眼光的事件,而在西方,人们当然会关注代表整个西方出征的美国。这样一个聚焦点正是马云想要的,经过一年多的运营,他已经对中国供应商这个产品有了底气,现在他需要用国外的买家来带动中国国内对中国供应商的认可。从事后的效果来看,马云和阿里巴巴不但达到了预期的效果,而且很有可能是超出的。因为正好在阿里巴巴投放广告的时候,中国国内出现了非典疫情。

2003 年 3 月 6 日,北京市接报第一例非典病例,一个叫 SARS 的幽灵侵入中国,这是一种传染性很强,可能导致猝死的严重急性肺炎。更可怕的是,它的病原尚未确定,所以被称为"非典型肺炎"。它飞速蔓延,从广东到香港,再到北京、上海,几乎每天都有死亡的病例出现。到 4 月 28 日,仅北京市就确诊 1199 人,疑似病例 1275 人,死亡 59 人,卫生部部长张文康和北京市委副书记孟学农因防治不力被免职。一时间，抗击非典成为举国上下的头等大事。因为这种病毒传染性极强，所以一旦发生一个疑似案例，当即要进行大面积的整体隔离。

由于到这一年的 6 月 24 日世界卫生组织才对北京做出解除旅游的警告，所以从 2003 年的 3 月到 6 月，基本上大半个上半年，整个中国的商业活动都陷入一片混乱之中，特别是一些平时就不旺的零售点都被自动放弃和取消。不过，对电子商务来说，却是极大的利好，对阿里巴巴来说，同样是大利好。

在业务上，非典在客观上造成了中国几乎所有外贸企业和他们国外客户之间面对面联系的中断。在 2003 年上半年的好几个月中，这种联系几乎完全依靠电子邮件、电话和网上即时通讯工具来维持。这种客观条件上的障碍虽然不能直接推动客户转向阿里巴巴，但它无疑成为电子商务的一个有力的推动点——可能有无数的中国中小型企业和他们的国外客户被迫地采用了互联网工具，进而他们会很快发现，"哦，原来我们还可以这样做生意。"而被催醒了的西方客户也许在他们发完一封电子邮件以后，看了一眼一直播放伊拉克战争实况的电视，阿里巴巴的广告又正好出现在他们的眼前，于是，他的下一封电子邮件也许就是催促他的中国供应商去看看阿里巴巴是怎么回事情。不仅仅是商家，政府也加大了对电子商务的推广和宣传力度，媒体上关于电子商务的介绍也多了起来，包括阿里巴巴在内的诸多服务中小型企业的厂家都感受到社会的推力。

来自阿里巴巴的内部统计是，在非典肆虐的 2003 年一季度，网站的注册用户增长了 50%、点击量增长了 30%。有最直观感受的是阿里的一线业务人员，在此之前，他们去拜访客户的时候，做的第一件事情就是介绍自己，比如说，我是阿里巴巴的，然后介绍阿里巴巴是什么，为什么，怎么做，诸如此类，但非典之后，这种介绍就不需要了。因为业务员一说自己是阿里巴巴的，对方多半会说：哦，阿里巴巴啊，我知道啊。这就意味着对方开始信任阿里巴巴了，一切生意的前提都是建立在相互信任的基础上,有了整个社会的信任做前提,阿里巴巴的业务开始进入爆发期。

但让阿里巴巴和马云措手不及的是,他们的员工中出现了疑似非典员工。阿里巴巴总部所在的杭州并非非典的重灾区,甚至是防范措施做得最好的城市之一。整个杭州只有 4 个非典个案,但阿里巴巴的一名员工,正好是这 4 个之一。

阿里巴巴的这名员工,是因为参加 2003 年广交会而染上非典的。当时阿里巴巴的中国供应商项目承诺要帮助他的客户参加各种展会,去展示客户的产品和资料,其中当然包括最大的外贸展会——广交会。虽然展览开幕的时候广州已经明确确定为疫区,但阿里巴巴还是派员工去参加了广交会。这位员工从广州回来后本可以休息,但她认为自己的工作没有做完,所以,主动回到公司加了一会班。很快,这位员工被确诊为非典患者,同时,整个阿里巴巴也迅速被杭州政府确定为重点防范对象。公司办公区域被完全封锁,几乎所有员工被隔离在家。整个阿里巴巴陷入一片混乱和恐慌之中。

对于隔离,理论上像阿里巴巴这样的电子商务公司是可以用在家办公的方式来解决的,但问题是没有一家中国公司真正在这个方面有过经验,因此,2003 年五一长假结束前一天,已经得知公司被完全隔离的阿里巴巴所有高层都忙着整理通讯录,安全电信部门给员工的家里安装电脑、宽带和通讯设备的时候,没有人知道阿里巴巴能否度过这一关。众所周知,阿里巴巴是个电话销售业务巨大的公司,阿里巴巴却要把所有的业务都分配到被隔离员工的家中,这是存在风险的。

更大的风险在于被隔离员工的心理波动,阿里巴巴有相当比例的员工是家在外地的单身员工,他们多半租在一些偏远的农民房里,有的甚至没有窗子,仅仅是一个睡觉的地方。而在隔离期间,这种房子的门口会站上一名警察和一名社区工作人员,水、食物都由他们送到房间内,员工的活动范围就在房间内。因此,他们能不能在整个隔离期安全度过而不产生心理问题都是未知数,更不用说完成当时节节上升的业务流程了。

阿里巴巴本身也承载着巨大的社会压力,因为阿里的员工感染上非典。"为什么要在此时派员工去广交会",成为外界对马云的主要指责。马云甚至为此专门写了一封给阿里人和阿里家人的信件,主动承担了不应该让员工去广州出差的责任,那封信件中马云的无奈和无助心理多少有些流露。

正如财经作家郑作时所指出的:几乎所有的条件都指向阿里巴巴将面临一场灾难的结局:错过业务发展的高峰是一场灾难,因为员工出现问题业务流程被迫中断也是灾难,出现大规模员工抱怨造成人心涣散同样是灾难,包括他们的领袖马云。

然而这一切都没有成为事实。成为事实的是,整个阿里巴巴业务量上升造成的繁忙被撑持过去了,虽然阿里巴巴这个过程没有也不可能招人;甚至没有多少客户知道阿里巴巴处于完全隔离这样一种状态,阿里巴巴给客户的感觉是完全处于正常的状态之中。

即便是现在,都很难去理解和解释当时阿里巴巴是怎么度过这个灾难性的时刻的。可以找到的解释是,这本来就是一家给人提供互联网技术服务,本身具备远程协作能力的公司,他们应对这种远程协作环境有先天的优势。这种对先进技术的掌握让阿里巴巴在灾难面前,能更好地传递彼此之间的相互激励。有一个细节事后被不断提起:为了解决单身员工独处时的心理问题,他们甚至利用网络举行过好几次公司范围内的卡拉 OK 大奖赛。

非典正好成为一个高度凝聚人心的时刻。这是一场不大不小的灾难,在这个灾难面前,当时已经有几百人的阿里巴巴从一个小型公司重新又回到了马云团队的时代。灾难使这家公司重新得到马云团队在湖畔花园 50 万元创业时所要面临的那种悲壮的激励。这是阿里巴巴和马云所不曾想到的。这也可以理解为什么之后的马云和阿里巴巴能这么有底气地放言,经历过华星风波、回到中国以及非典三场内部的考验,马云的阿里巴巴团队团结得像一个人一样,很难想象,其他的互联网公司会有这样的偶遇,别说互联网,好像放大到整个中国工商业,阿里巴巴这样的案例也并不多见。

非典对马云来说的另一个收获是,非典前被秘密安排的一个小分队,正好在非典期间被隔离了,他们抓住这个时间,推出了淘宝。马云和他的阿里巴巴,是个典型意义上的非典宝宝。非典,让这家仅仅4年的互联网公司成就了他的成年礼。"立刻、现在、马上去做!"我想,面对任何突发事件,甚至像非典这样的灾难,毫不缺乏执行力的马云及其团队都会比那些充满了思考和争论的公司有更强的生存能力和把握机会的能力——既然如此,那就去做吧,倒立也可以赢。

案例 2·个人品牌决定马云的执行力

很多人说马云会忽悠,但没有人会否认马云本人有着极强的执行力。会忽悠算不算执行力呢?马云并非名牌大学毕业,相反,打架转学三度高考的童年反倒像个不良少年,免费为外国人当导游在当年很多人眼中,这就是个不学无术的典型,在那个时代,甚至可能再扣上一顶崇洋媚外的大帽子。不过,就像金庸笔下的韦小宝一样,这样的经历反倒让马云有了更多的民间土智慧,以及土执行力,效果还蛮好。

我们看马云6分钟搞定孙正义,上个卫生间确定8200万美元投资,打个高尔夫就跟雅虎达成10亿美元合作,若非是"谈笑有鸿儒,往来无白丁",普通人能做到吗?没有个人品牌,能做到吗?再看马云说北上就北上,想南下就南下,纵横大江南北,说请金庸就把金庸请到了,说搞个西湖论剑就真的把互联网的大佬们全请到了,想想看,没有中国黄页和外经贸的积累,没有个人品牌,能办得到吗?

对个人而言,需要段位,需要人脉,需要个人品牌。为什么呢?执行力可不是自己做了就算了,而是要调动资源,实现结果的。自己啥都不是,怎么算执行力呢?比如,自己就是个学生,每天早上自己去跑步,这不叫执行力,这叫有毅力。如果你是学生会主席,三下五除二,把专家名人请来了,把赞助拉来了,把事给办得漂漂亮亮,这才叫执行力。而且,越是有个人品牌的人,执行力越强。个人的执行力,也是一种正向反馈系统,个人品牌也是不断积累的成果,你的个人品牌越强,执行力就越强。

马云小时习过几年武,是个金庸迷,自称风清扬。2000 年 7 月 29 日,Porter 和马云在香港出差。当时阿里巴巴负责公关活动的是市场部副总裁 Porter(中文名字是李博达),他是个地道的能说中文的美国人,来阿里巴巴前是北京奥美公关公司的总监。一位记者发现马云喜欢金庸小说,就为马云和金庸安排了一个会面。那天,马云和 Porter 如约来到"庸记酒家",马云见到自己崇拜多年的偶像,激动异常。那天谈了 3 个多小时。在这 3 小时里,金庸没说几句话,从头到尾都是马云侃。临别,金庸为马云手书:"神交已久,一见如故。"从此,两人成了忘年交。

几个星期后,马云打电话给 Porter:"我有个想法,现在中国互联网的 CEO 都在打架,我想邀请金庸和新浪、搜狐、网易、8848 的掌门人一起搞个西湖论剑,你看怎么样?"Porter 一听就急了,连忙说:"你疯了!这是不可能的!几个 CEO 之间关系都不太好,金庸又很难请到,你能不能给他们先打个电话,如果他们都同意,我可以协调。"当时 Porter 生怕马云让他做这件事,也巴望着马云第二天就把这事忘了。

第二天,马云打电话邀请金庸,没想到金庸当即就答应了。马云再打电话给丁磊和王峻涛,两人都是金庸迷,一听金庸要来,立马答应。马云再打电话给张朝阳,张朝阳虽没读过武侠，但也没拒绝。马云最后打电话找到了王志东，这位网络老大有点矜持。临到最后几天，王志东突然打电话给马云，说他有事不能来了。马云一听就急了："哥们儿，你这不是坑人吗?"于是立即杀到北京找到王志东谈了2个小时，生拉硬拽把王志东搞定了。

在 Porter 看来是异想天开的一件事，马云独自一人用了2天时间就搞定了。事后，马云对 Porter 说："做 Business 就这么回事，想是可以想很多，但重点在做不做得出来。"其实也不怪 Porter 会觉得不靠谱，做公关最核心的就是资源，从政府资源到媒体资源，从名人资源到执行资源，只要有资源再大的事也不是事，也许 Porter 并不了解马云的小个子所拥有的巨大能量。事实上，马云是真正的中国互联网之父，他涉足互联网产业比号称中国互联网先烈的当年的瀛海威还要早一个月，名副其实是中国互联网"风清扬"级的人物；而后来，号称中国网络营销妖人的周鸿祎也要称马云为老师，杨致远跟马云商量把雅虎中国交给马云的时候，基本上就把周鸿祎这个堂堂的雅虎中国区老总给蒙在鼓里了。

2000年9月10日，74岁的金庸来到西湖，前来赴会的还有新浪的王志东、搜狐的张朝阳、网易的丁磊、8848的王峻涛，同时还有不请自到的上百名记者。开场白自然是金庸："我最近和张朝阳先生讲一件事。有一位老先生在几千年前，在钓鱼的时候用直的鱼钩，愿者上钩。这就是说他本意并不想骗人家上钩的。后来这位老先生慢慢走到东方，走到杭州，他不钓鱼了，他拿一个网撒下去，愿者上网。他不是故意骗人家上网的，愿意的就上来吧。有一次鱼在水里游，张朝阳先生看见很高兴。我当时问张朝阳，'你不是鱼，怎么知道鱼快乐?'张朝阳说，'你不是我，你怎么知道我不知道鱼快乐呢?'所以今天这个会，我第一想表达的是：西湖上网，愿者上网，大家都快乐地谈。"

提出网侠的概念，把网络与江湖扯到一起，让中国网络江湖化也许是马云的有意为之。结果那次会上,五位掌门人谈武侠多于谈网络。五位网侠论剑的结果是每人得到了金庸手书的"笑傲江湖"。

第一次西湖论剑时,王志东、张朝阳和丁磊,被人们称为中国网络的"三剑侠",马云的名声远不及这三位,阿里巴巴的名声也远不及新浪、搜狐和网易。那时人们提起网络总是联想到这三位,而马云这个中国互联网之父却常常被人遗忘。马云对此一笑置之:"我确实比他们三人更早投身互联网,但我不觉得,也不习惯,更不喜欢别人称我做中国互联网之父。这名字不应该是这代人的,应该是上一代的。况且互联网并不论资格,我不喜欢父,只喜欢子。"

第一次西湖论剑之前,三大网站、三大掌门人的说法是有的,但并无五大网站、五大掌门人之说。而西湖论剑之后,五大网站和五大掌门人自然而然被业界和社会接受,虽然阿里巴巴当时的实力与前三名网站的实力相差不少。西湖论剑的成功是不言而喻的。

在联想的柳传志看来,领导人大而化之有两种类型:一种是孔雀型的,以个人魅力取胜;一种是老虎型的,以发号施令树威。从这种分类来看,史玉柱与马云均属孔雀型。无论在外界如何被误解,无论公司陷入如何的困境,追随的人始终没有放弃对他们的信心。

外人看来忽悠的马云,对阿里巴巴的 18 罗汉却有着不寻常的感召力。"无论什么时候看到他,你在他眼中看到的都是自信,我一定能赢的信心。你跟他在一起就充满了活力。"作为 18 罗汉之一的阿里巴巴副总裁戴珊如是说。"在你绝望的时候能让你看到希望,能跟着走。"刘伟也如此评价史玉柱。在一些人眼中,史玉柱带着邪气,在刘伟等内部人看来,史玉柱是个重情重义的人。5 年前,陈国出车祸,史玉柱连夜从兰州飞回上海,全公司停掉业务给陈国办后事。此后每年清明,史玉柱都会带着公司高层去祭奠。对高层用车,也只用 SUV,并禁止在上海之外自驾车。

与史玉柱一起爬过珠峰的费拥军,说起追随多年的理由,用的是"亲情"一词。他们相信这一点,在公司财务困难的时候,程晨甚至会从家里借来钱援助史玉柱。

马云与史玉柱都具备领导力的核心特征:提出大家都认同的愿景,并使用有效的激励手段。从创业的第一天起,马云就宣称,阿里巴巴会成为最伟大的电子商务公司,他也让部将们相信,公司上市时,会得到更多。两三年前,阿里巴巴的员工特别辛苦,待遇也不好。有人抱怨,宁愿不要期权,多发点工资。马云的解决方案是:要有信心,我把我的股份稀释点给你们。1998 年,从珠海去无锡的面包车中,史玉柱对那些 20 个月没领工资的追随者承诺,将来有了钱,一定会补偿。在征途的时候,他会告诉员工们一个梦想,说巨人网络将来会上市。尽管那时候,外人几乎不相信。

尽管同为孔雀型,在关系处理上,史玉柱与马云还是有所不同。马云与 18 罗汉更多的是师生、朋友、伙伴关系。"不懂"网络技术的他提出愿景,业务与管理放手让部将去做。而对实操擅长的史玉柱,与部将则是一种追随者关系,他也充分放权,无论是人权还是财权。但他也会在每次商业的成败关键环节亲力而为,做脑白金时,他亲自调研了 300 名顾客,公司将要发的软文,他与大家一起,按 10 大标准篇篇审核。追随而非伙伴关系,与史玉柱的经历有关。1989 年第一次创业时,2 名员工与史玉柱在利润分配和股份多寡上发生争执,史玉柱一怒之下摔了 2 台IBM286。那时起,他就决定,今后身边的人将只是追随者而非合作者。他从来也只考虑子公司与人共股,母公司一定自己控制。对手下,他更喜欢的是战术人才,而非战略人才。

在人才的使用上,马云看重职业经理人和空降兵。创业的那一天,他就和 18罗汉说:你们只能做排长、连长,军长我另请高人。阿里巴巴 IPO 后,除他本人外,获得股份最多的不是跟随他 8 年的 18 罗汉,而是 11 个月前才从百安居空降过来的 CEO 卫哲。

史玉柱则不如此,关键岗位上用的都是跟他打拼过来、经历过生死的人。在他看来,内部的员工就像是地底长出的树根。他感激困难时期几年没拿工资的陈国与费拥军。巨人集团时期,他也曾为强化内部管理,空降了当时方正的一位高管,结果出了乱子。经历了二次艰难创业,那些内部人,史玉柱最看重的还是德,他自信 5 年时间能看出一个人的德性,当然也包括已经熟悉多年的人。征途的一名副董事长,是史玉柱 18 年前,赊账买电脑的那家小公司当时的副总经理。4 个火枪手中的刘伟与程晨两位女性位居高位,在史玉柱看来,"女性从忠心角度来说可能会好点"。当年身为文秘的刘伟如今成了副总裁级别。

员工管理上,史玉柱只关注骨干层,如今,这群人的数量大约在二三十人,这一点是他认为一直做得不错的,二次创业以来,"我的骨干一个都没有走。再底层我也管不着,骨干没管好,下面的人有可能会走。"对马云来说,他喜欢的是唐僧的团队组合,而不是刘备团队的完美。在《赢在中国》中,他说:"今天的阿里巴巴,我们不希望用精英团队。如果只是精英们在一起肯定做不好事情。我们都是平凡的人。平凡的人在一起做一些不平凡的事,这就是团队精神。"

马云和史玉柱在不少时候,都是特立独行并坚持己见。史玉柱认为,自己大概是第一位不着西装、穿着运动服在纽交所 IPO 敲钟的人,对方因此专门为其办了特批。从路演开始,这位特立独行者就一直穿着一贯的白色运动服。而在 2006 年前的很长一段时间,他还会戴着墨镜,哪怕是在论坛上演讲。马云在 1995 年想下海做网站时,向 24 个朋友咨询,23 个反对,只有 1 个说可以试试,结果马云还是坚持了自己的看法。后来他说,即使 24 个人都反对,我还是会做下去。马云要做淘宝对抗 eBay 时,公司几乎所有的人都反对,结果马云还是坚持了自己的决策。史玉柱原来也会,巨人集团失败后就再也不会了,成立了 7 人投资委员会,任何项目,赞成票不过半数一定放弃,否决率达 2/3。

有趣的是,马云和史玉柱的创业资金都是 50 万元,但是来源不同。马云用的是 18 个人的 Pocketmoney(闲钱),作为创办阿里巴巴的本金;而 1998 年,身上没有几个钱的史玉柱"依靠朋友赚点钱,给以前在上海的合作伙伴做市场策划,对方付了几笔钱,总共 50 万元",这 50 万元就是史玉柱东山再起的启动资金。

历史教训告诉史玉柱,股权不能分散,所以巨人网络公司上市,史玉柱持有 68.43% 的股权。为了满足上市股权分散的需要,上市前他把女儿持有的 1000 万股,作价 10 美元一股卖给了六大投行。马云却只持有阿里巴巴 7% 的股权,而阿里巴巴 65% 的员工持有股权,阿里巴巴 B2B 上市以后,1000 多名员工一下子成了百万富翁。马云认为,中国太多企业因为强调控股权与控制权,而最终陷入利益争斗,影响了公司发展。管理和控制一家公司更需要智慧。

我们可以说马云的阿里巴巴网站能够惠及中国的中小型企业,所以往大了说,马云有益于国家,马云的淘宝已经给中国无数无本的商人带来了直接的钱财。马云的商业观与史玉柱有着明显的区别。他立志要改变全球几十亿人的生活。阿里巴巴的企业愿景是"让天底下没有难做的生意"。有人做过这样的结论,他们说马云好了,整个中国的互联网就好了。但是,史玉柱好了,大多数人会觉得不过是中国多了个亿万富翁,多了一款让玩家烧钱的游戏。下一个比尔·盖茨是谁? 在博鳌亚洲论坛上,盖茨的答案是:亚洲的马云。

马云已经从"青蛙"变成了"王子",他已经超越了自己。和许多孔雀型领导者不一样,孔雀容易多元化,但马云做到了聚焦;和许多新锐企业家不一样,马云取得了巨大成功而不骄狂,这使他更具领导魅力。所以,马云已经成为中国新锐企业家中的代表性人物。

典型的孔雀型性格,在塑造品牌、自我宣传、鼓舞人心方面有天生的优势。马云的自信心指数,是一个优秀的商业领袖所需的最佳水平——充满自信但绝不至于自负。马云是一个真正经历了风雨的人,在最寒冷的冬天,当他们用自己的左手握住右手相互温暖时,其信心便由生铁炼成了钢。成功之后,马云还是这样说:"如果我马云能够创业成功,那么我相信中国80%的年轻人都能创业成功。"这句话当然是自谦之言,却表明他已经非常成熟。

自信而不自负的孔雀型领导者,社交能力极强。他们通过"朋友遍天下"促进事业的发展,"西湖论剑"和"网商大会"就是这种能力的体现。互联网界一年一度的"西湖论剑"将这一行业顶级人物搜罗在一起,悄然为阿里巴巴壮大声势;"网商大会"又将各路江湖英雄每年聚拢在阿里巴巴的周围,这就是马云的颠覆智慧和强大的执行力,只要有一根杠杆,就可以撬动互联网的江湖。

案例3·山不就我我就山

比尔·盖茨在面对渴望应聘微软的大学生的一道面试题是:"如何移动富士山?"而对于此,比尔·盖茨解释道:其实问题没有正确答案,我只是想了解这些年轻人有没有按照正确的思维方式去思考问题。其实答案很简单:如果富士山不过来,我们就过去。

盖茨其实是借用了伊斯兰教典中"山不就我我就山"的故事:伊斯兰教的教主穆罕默德指着远处的大山对周围的教徒说:"我只要念几句咒语,这座山就会到我面前来。"穆罕默德便开始念念有词。结果山还在那里,众教徒不解。穆罕默德就跑到山下,然后对着众教徒说:"山不来就我,我便去就山。"意思是:既然对方不能主动迎合我的想法,那我就带着目的采取主动。

马云正是具有这样一种"剑走偏锋"的变通执行精神——马云称银行不改变,

我们就改变银行；马云说，别人做高端，做大客户，我偏偏做小企业，做中小企业；马云还说，忘掉 money，忘掉赚钱；大多互联网公司都把总部设在北京，而马云偏偏把总部设在杭州；因为没有理想的支付体系和信用体系，马云和他的团队创造性地发明了支付宝。

在我看来，马云最值得创业者学习的，不仅有他的"闯劲"，更应该是"谨慎前行"。前期摸索，拜师学艺，借船出海，马云绝对不是为了创业就把自己"置之死地"的野兽派创业者，相反，而是用最小的代价来做好创业前的准备。我们看到水利万物而不争，水虽然是最柔弱的，但也是最顽强的，水滴可以石穿，遇到岩石也会改变方向，迂回前进。马云正是会变通的人，能够贯彻并执行，晓变通而不去找借口，这使他的执行力更强大。

在互联网还不赚钱的 2002 年，阿里巴巴就定下了"只赚一块钱"的目标；尽管"只赚一块钱"的口号还余音绕耳，马云又在 2003 年提出"每天营收一百万"的目标，并且在所有人都认为阿里巴巴将在 B2B 领域深度推进的时候，突然决定创建淘宝网，正面挑战全球 C2C 领域的老大 eBay；eBay 与多家主流门户网站结成"攻守同盟"，封锁了淘宝一切可以利用的宣传渠道，淘宝就将广告投放到公交车、电梯、地铁和体育赛事中；易趣对会员收取费用，马云则宣布："淘宝在未来 3 年都将免费！"同年 10 月，阿里巴巴网上支付平台——支付宝投入使用，为淘宝网上交易进一步提供了信用保障。语不惊人死不休。2004 年，马云又提出"每天盈利一百万"；2005年，进一步提出"每天纳税一百万"。好在马云放话之后，阿里巴巴总会伴有实际的动作来证明实力。

2007 年 11 月 6 日，阿里巴巴 B2B 公司在香港挂牌上市了！开盘价较发行价上涨了 122％，一举成为中国互联网界首家市值超过 200 亿美元的公司。其筹集到了16.9 亿美元，超过 2004 年 Google 上市的融资额 16.5 亿美元，创下了全球互联网融资额的新纪录。而作为阿里巴巴董事局主席和创始人的马云只象征性地持有5%的股份,始终是团队集体控股和公司全员持股,兑现了马云创业之初"发展成果由员工共享"的承诺。

有句老话,叫"吃得苦中苦,方为人上人",用来说马云是最恰当不过的了。而且马云还说了一句更经典、并被广泛传颂的话:今天很残酷,明天更残酷,后天很美丽,但大部分人都死在了明天晚上!

在创建中国黄页的几年中,马云至少被骗过4次。骗他的不仅有商人,有企业,有机构,甚至还有媒体。不管有多少人骗他,马云从一开始就坚守诚信的道德底线。尽管他曾被人当做骗子,但他绝不骗人。他奉献给客户和社会的,是货真价实的东西,是崭新的观念、崭新的产品,是崭新的商业模式。

1995年下半年,5个深圳老板主动到杭州找马云,说愿意出资20万元,做黄页的代理。马云一听感激涕零,立刻将公司模式、技术支持和盘托出,老板们听完说还没弄明白,马云便派技术人员到深圳,昼夜不停地为其建立系统,老板们终于满意了,通知马云3天后到杭州与黄页签合同。马云苦等了3天,音信全无,再催,得知老板们刚刚开过新闻发布会,拿出来的东西与黄页的一模一样。此时马云才知道受骗了。"当时真受不了,但我还是把它扛下来了。"事后马云这样说。

当年在北京宣传中国黄页的时候,马云认识了在中央电视台"东方时空"栏目工作的杭州老乡樊馨蔓。樊馨蔓非常仗义,虽然她听不懂马云的网络模式,但却被他的热情打动了。她拍了一部名为《书生马云》的专题片,真实记录了马云在京的凄凉遭遇。如今这部专题片弥足珍贵,片中可以看到当年马云在北京现场推销的画面,看到他到处碰壁到处吃闭门羹的画面。

"在片子里,他就像一个坏人,虽然滔滔不绝,但表情总有一点鬼鬼祟祟。他对人讲他要干什么什么,要干中国最大的国际信息库,但再看听者的表情就知道,人家根本不知道他说的是什么。"樊馨蔓如此评说。《书生马云》专题片的最后一幕是,马云疲惫地坐在北京的公共汽车上,望着车窗外的街灯,一脸茫然,神色凝重,喃喃地说:"再过几年,北京就不会这么对我,再过几年,你们都得知道我是干什么的,我在北京也不会这么落魄!"

顺便说一句,看了作为马云北上见证当事人孙燕君笔下的马云,就会明白,马云的阿里巴巴和团队是怎么打造起来的。正是因为在 2000 年,作者也有那么一年在北京的创业经历,所以我对马云在北京的遭遇感同身受(所不同的是马云回了杭州,我回到了广州,马云成功了,而我没有)。无论是群居生活,还是在东北人菜馆点小鸡炖蘑菇,无论是有一轮白日的灰蒙蒙的天空,还是手捧烤地瓜在冬日的街头移动,眼前始终是别人的镜头。北京是一个官本位的城市,北京也是一个保守的城市,虽然作为首都,北京一直很自豪,但是在马云身上,北京应该反省自己。

中国黄页是马云超人商业智慧和敏锐市场洞察力的产物,是马云抢到的中国互联网市场上的绝对先机。从 1995 年上半年到 1997 年底整整两年半的时间里,马云为黄页倾注了所有的智慧、心血、时间和精力,为黄页创造了运营模式和盈利模式,并最终为黄页创造了年营业额 700 万元的奇迹。

1995 年底,正是杨致远的雅虎起飞之时,也正是贝索斯的亚马逊诞生之时。假设马云北上成功,假设马云顺利地把新闻、财经、文化、体育装进中国黄页,中国黄页会不会成为中国雅虎,成为中国的第一个门户网站?果真如此,中国门户网站的诞生就无需等到 1998 年,中国互联网的历史就得重新改写,中美网络产业的差距就会大大缩短。但果真如此,马云的阿里巴巴呢?马云的 B2B 呢?中国的电子商务呢?

黄页给了马云苦难、磨难、委屈和打击,给了马云理想、变通、坚持和韧性。所有这些都是比金钱和股份更为宝贵的东西。如果这些马云都扛过来了,还有什么不能扛呢?

马云毅然离开了外经贸部,并拒绝了新浪和雅虎提供的职位,当时,杨致远邀请马云出任雅虎中国的总经理,那时他们有一次对话。马云问杨致远:"雅虎到底想做什么?"杨致远说:"雅虎想做一切。"马云说:"从理论上讲,你什么都做,往往什么都做不好。互联网的走势越来越纵向化,往横向发展比较难。"但杨致远不这样看。

"如果把因特网比作影响人类未来生活 30 年的 3000 米长跑的话,美国今天只跑了 100 米,亚洲跑了不过 30 米,中国只跑了 5 米,你可能觉得雅虎、亚马逊他们现在跑第一,他们的模式是最好的模式,但是,没准在 200 米、300 米后他们会掉下来。当年网景(Netscape)真牛,但是,一轮后,他连人都找不到。网景当年想打败微软,导致他的失败。人类第一代挖石油的人,都没有发财,到了第二代,才真正富有起来。当时的石油不过是铺铺马路,点点煤油灯,所以,未来的因特网、电子商务根本不是我们今天谈论的东西,就像 100 年前人们发明电的时候,打死他也不会想到今天会有空调。你无法去想象三五年后电子商务会怎样,除非是算命。中国目前只适合做电子商务第一阶段的工作,那我们就把第一阶段的工作做好。"马云如是说。

案例 4 · 坚持下来的财富

"很快,阿里巴巴公司的每个人都会很有钱。"2007 年 9 月,马云召集了近 300名跟随马云 5 年以上的老员工开会,一起"忆苦思甜"。会上,马云问其中几个"5 年陈"的员工,如果 1 年的解禁期到了,你们将如何处理手里这么大一笔阿里巴巴上市公司的股票? 有人回答说,阿里巴巴的股价如果很高了,也许自己可以考虑兑现一部分。马云说:"现金肯定是最不保值的,套现以后还是要寻找更好的投资途径。其实,我们投资于中国的未来,投资中国未来最有前景的公司肯定是最好的途径,而阿里巴巴肯定又是其中最好的,所以我的建议是,一直持有下去,和中国的未来一起成长。"

2007 年 11 月 4 日,以"让天下没有难做的生意"为路演口号的阿里巴巴(1688.hk)正式登陆港交所,一个全新的互联网财富神话由此被开启。几乎不用做什么推销,发行 8.59 亿股、募集 115.95 亿港元的募资计划就受到了投资者的热捧。据承销团初步点算,公开发售超额认购逾 200 倍,冻结资金高达 4200 亿港元,打破了 2006 年全球最大招股活动——工商银行的 4156 亿港元纪录,成为香港股市"冻结资金"历史上的第 2 名,也创造了香港科技股冻结资金的最高纪录。仅以发行价计算,阿里巴巴上市的 B2B 业务市值就高达近 700 亿港元。

上市之后,阿里巴巴的 4900 名员工将通过 Alibaba.com 总共持有 4.04 亿股上市公司股份以及 3919 万股认股权和 25 万股受限制股权等,合计 4.4 亿股,约占总股本的 26.32%。按此计算,阿里巴巴 B2B 业务的 IPO 实际为阿里巴巴内部员工创造了至少 184 亿港元的市值财富。

马云个人直接在上市公司持有 2837 万股,又通过母公司 Alibaba.com 间接持有 1.89 亿股,另外还有 946 万股期权,合计持有上市公司 6.9842% 的股权,约47.64 亿港元的市值。即便算上阿里巴巴另外 7 名高管兼董事,马云等人合计持有上市公司的股份也只有 12.79%。这和盛大上市之后陈天桥个人持股 75%、百度上市之后李彦宏个人持股 25% 形成了鲜明对比。新股以 13.5 港元发行以后,阿里巴巴的联合创办人蔡崇信、CEO 卫哲、CFO 武卫、副总裁戴珊、战略发展主管谢世煌等人都获得了从 23 亿到 1.4 亿港元不等的身价。除去这些董事和高管,阿里巴巴 4900 名内部员工的人均身价达到 200 万港元,如此创富格局在所有 IPO 的互联网公司中前所未有。

即使是在淘宝网、阿里软件、支付宝和中国雅虎以及阿里巴巴集团等和上市业务并没有直接关系的子公司内，大部分员工都获得了将上市公司的期权，阿里巴巴董事崔仁辅在网商大会上透露的数字是 65%，但是阿里巴巴内部人士透露的比率甚至还高于这个百分比。大部分对阿里巴巴"有历史贡献"的内部员工都获得了股票和期权。有投资机构预测，阿里巴巴的 IPO 将缔造中国互联网历史上规模最大的富豪群落，至少会产生 20 个亿万富翁，包括和马云一起创业的"18 罗汉"，以及后来陆续加盟阿里巴巴的职业经理人，而阿里巴巴集团旗下诸多部门高管都将跻身千万富翁之列。

大规模股权激励计划的实施，除了将一部分淘宝网、阿里软件、支付宝和中国雅虎等公司的期权折算成阿里巴巴 B2B 上市业务的期权之外，很多股权却是需要原有股东"真金白银"地折让出来的。因此，除了马云作为表率自己"掏腰包"之外，马云还不遗余力地从雅虎和孙正义这两大阿里巴巴股东那里要来了一部分股权。由于上市以后的阿里巴巴股权的盈利是完全可以预期的，因此马云为团队争取股权计划的过程还是遇到了不小的阻力。但是最后，强势的马云还是说服了杨致远和孙正义，为股权激励计划的顺利实施而稀释了部分股份。

"马云是一个心胸颇大且非常知道感恩的人。"有阿里巴巴内部人士这样评论说，这点在上市的关键时刻体现得淋漓尽致，在困难时期和马云一起艰苦过来的人都将获得不错的回报。马云说："傻坚持肯定要强于不坚持。坚持下来的人都获得了财富，而心思活络的聪明人有时候不容易成功，坚持不下去是一个最大的原因。"

马云一度慨叹，当年阿里巴巴极度缺乏人才，几乎把"会走路的人"都拉了进来，在遭遇第一次互联网泡沫破灭之后的 1999 年，马云决定退守杭州，不少骨干员工却纷纷因此而离去，留下来的人也未必都如马云的意。马云开玩笑说："别以为留下来的人有多么的高瞻远瞩,恰恰相反,其中很多人只是不知道自己离开阿里巴巴以后,还能找到什么样的工作,于是也就这样留了下来。"

马云从不谋求以股份的优势去控制他人,当然他也不希望别人控制他,他唯一可以接受的方式是——阿里巴巴的经营团队控股。侠义文化,是阿里巴巴的一种主流价值观。痴迷武侠小说的马云,向往的是那种侠肝义胆、啸聚江湖、同甘共苦的胸襟气象,马云极力倡行的是"均富观"。阿里巴巴内部推行全员持股制,年满4年的员工均有资格拥有股权。阿里巴巴每年都要举行"五年陈"颁奖仪式,"五年陈"的员工可以得到两件礼物:白金戒指以及股权。

英语的娴熟运用,让马云从一开始就为阿里巴巴插上了"国际化"的"翅膀",这种"国际化"体现在三个方面:人才的国际化、资本的国际化、生意的国际化。马云的B2B事业被视为资本催生的直接产物,淘宝网的诞生也是资本下的"蛋",成就马云的资本推手是日本软银的孙正义。历数过往,马云的所有资本运作似乎都与孙正义有关。孙正义是马云的"贵人"。选择恰当的时机去香港上市,是孙正义与马云联手导演的精彩棋局,也是马云赖以自傲、至为得意的一次资本运作。

操着一口流利英语的马云喜欢混迹于国际性大公司之中,他是达沃斯论坛、财富论坛的常客。置身于世界500强云集的"名利场",马云豪情万丈地说:"阿里巴巴要学会踢世界杯。"

附:马云的详细持股数以及阿里的股权结构

以马云的持股数量为例,有三组数字,分别为2837万股、1.89亿股及946万股。投资者需要详细研读阿里招股书26个附注及小心区别"有关公司"和"本公司"的分别,才明白第一个数字是马云在上市公司的持股(占上市后0.56%),第二个数字是他在母公司的持股(7.74%),第三个数字是雇员股权交换计划。如果计算马云在上市公司的持股量,应该是计算其好仓,包括间接持股(母公司持83%上市公司,即马云间接持6.4242%,加上直接持股,合共持有6.9842%,相当于3.5287%,以最新发行价上限13.5元计算,市值为47.64亿元)。

以此计算,马云连同阿里巴巴7名高管兼董事,合共只持有12.79%股权,相对雅虎在上市后将持33.51%,显然现在雅虎是阿里巴巴的最大股东,日后雅虎会否行使其大股东的高层任命权力,马云及创办人股东能否长期持有少数股权但作出大部分决策,将是阿里巴巴上市后最受关注的事宜。

软银成单一第二大股东。Alibaba.com Corporation 持有阿里巴巴83%的股权(上市后未计超额配发),股东为雅虎(39%)、软银(29.3%)及阿里巴巴的管理层及员工(31.7%),即雅虎间接持有32.37%;另外雅虎会以基础投资者身份,最高买进7.76亿港元的阿里巴巴新股,现时看来该公司极可能以13.5元的定价,即雅虎会增持5748万股,令持股比例增至33.51%。

而软银则会间接持股24.32%,成为单一第二大股东。

本章启示

马云为什么那么强调文化?

很多人以为执行力就是说了就去做,其实这是一种错误的认识。说了就去做,一次,两次,其实很简单。问题是不会变成执行力。

在我看来,执行力需要有一种正向反馈系统,对团队而言,需要不断战胜,不断的胜利刺激团队,同时不断确认行动的奖励,就像游戏里面持续的胜利,士气会上升很快,你让部队干啥都行;而要是连接打几个败仗的话,士气急剧下降,到时兵就会跑光了。

个人而言,需要段位,需要人脉,需要个人品牌。为什么呢?执行力可不是自己做了就算了,而是要调动资源,实现结果的,自己啥都不是,怎么算执行力呢?比如,自己就是个学生,每天早上自己去跑步,这不叫执行力,这叫有毅力。如果你是学生会主席,三下五除二,把专家名人请来了,把赞助拉来了,把事给办得漂漂亮亮,这才叫执行力。而且,越是有个人品牌的人,执行力越强。个人的执行力,也是一种正向反馈系统,个人品牌也是不断积累的成果,你的个人品牌越强,执行力就越强。

如果没有正向反馈系统,执行力是很难很难的。比如说,今天你说了,你也去做了,这还不叫执行力,这叫三分钟热度,因为这是难以持久的。

正向反馈,就是对你的行动,会有一个结果鼓励,这不一定是奖金。比如,有些人觉得写博客是一件很难坚持的事情,但在我来说,就不会,我觉得写博客是一件很兴奋的事情,每天我上博客,都会看到有新的朋友留言,新的朋友来访问我的博客,尤其是有一些平时无法认识的有名的人,通过博客成为博友,还有很多各类媒体的编辑通过博客找到我,我发现写博客还有人看啊,还可以交朋友啊,还可以扩大人脉啊,这些就是对我的正向反馈,就会让我更加努力地写博客。

凡事有正向反馈了,坚持就会比较容易。举例来说,我们看到动物园训练动物,都有一个条件反射的刺激,比如做好一个动作,会有奖励,其实也是一种正向反馈。做好正向反馈,连动物都可以变得有执行力。

我们观察史玉柱跟马云的团队,观察他们的执行力,发现,他们都很有执行力,但是他们的方法完全不一样。到底他们的执行力在哪里呢?作者认为,执行力的秘密就在于正向反馈上。给你的团队有正向反馈了,你的团队就有执行力；给你自己正向反馈了，你自己就有执行力。别把执行力想得太复杂。

马云为什么那么强调文化？在我看来，文化是一种正向反馈机制。因为人都是群居动物、社会动物，社会性就在于需要文化的认同感。比如，我做了这件事，大家都觉得是对的，我做这件事就更有动力，就相对容易坚持；但是，如果对这件事，大家都有不同的看法，那么我必须依靠个人的强大判断力，去决定我是不是继续坚持做这件事。这样的话，对个人的要求就会大大提高，但是团队不可能人人精英，即便人人精英也不可能事事判断一致，这就不利于形成一致的行动。所以，通过文化，形成一种正向反馈机制，就能够降低对个人判断的要求，确定了普遍的价值观，大家都认同，那么很容易同化其他的人，形成执行力。

另外一个方面，文化能让你明白为什么要做这件事，文化已经提供了一个标准的答案。当你知道，并被不断重复形成你的认识的时候，你的想法已经能支持你的行动了，这就变成了团队的执行力。

如果你不知道为什么去做，这个执行力就很难。比如说上班打卡，如果你不认同打卡这件事，你就一定会迟到，早晚会迟到。我最不喜欢打卡了，为什么，因为我觉得在一个智力行业，是对结果负责，对出品负责，至于几点钟上班，我不认为很重要，于是这就出问题了，肯定会迟到的。其实，人一直都是思行一致的，有什么想法，自然就会在行动中表现出来。所以，文化可以解决这个问题，并调整每个人的行动，并给以积极的正向反馈，这就形成了执行力。

做阿里巴巴，马云有没有理想？他说有。他的理想是，到60岁的时候，和现在这帮做阿里巴巴的老家伙们站在桥边上，听到喇叭里说，阿里巴巴今年再度分红，股票继续往前冲，成为全球……那时候的感觉才叫真正成功。保证这种成功，文化的基石一定要打得牢，企业的品格和人的品格也决不能马虎。马云说，他对竞争对手很尊重。就比如下棋输了，那是智慧的较量，但是决不因此违背商业道德、人的道德。他不允许任何人卑鄙狡诈，"不然，如果以后当老师的时候，学生说，'你那一招多卑鄙'，我面子就没了。"在竞争中，不看竞争对手有多么厉害，最重要的是自己做好。

实际上，小胜靠智，大胜靠德。马云的成功，马云的超强执行力，还是来自于他当孩子王的社会智慧，以及从武侠小说中悟出来的侠义道。武侠小说里讲，功夫的最高境界就是无我、无剑、无招。只有无我之境，对手才无处下手，无处可攻，而马云正是无招胜有招。

1. 团队、文化就是执行力

刘韧问马云："为什么你能有今天，而同样聪明的中国电子商务的先驱王峻涛却还在为创业努力？"马云说："我在前面说，演讲，做宣传，作势，而我背后，有一帮人在实干，苦哈哈地卖力干，而王峻涛身后没有'18罗汉'。我说过了，有人做；他说过，就说过了，说过了而已。"

凡大事业，都不是一个人成就的。自古以来，执行的关键就是团队，就是用人。马云是个外行，但这个外行知道方向，知道这个可以有，那个不可以有，他可以通过他的团队去执行，而不干扰团队的细节，那么最重要的，就是统一思想，是像教父一样的精神影响力。真正的影响力，从来不是来自于行政职务的高低，而来自于个人品牌；而真正的执行力，在于一个为了共同目标站在一起的团队。团队就是马云的执行和实施系统，为了让这么多人统一目标和思想，其所坚持的原则、信条、文化就非常之重要。

除了产品和市场以外，还有什么东西可以支持企业存活下去，那就是企业文化。后来，便有了"六脉神剑"，即六条价值观。"诚信"、"激情"和"敬业"是员工首先要具备的素质，而"团队合作"、"拥抱变化"则居第二层面，最顶端的要求就是要达到"客户第一"。与众不同的是，阿里巴巴的价值观不仅仅停留在宣传教育的层面,而且落实在管理制度中。阿里巴巴把价值观与员工的日常考核紧密挂钩,在每个月对员工进行考核的时候,业绩考核只占50%,其余50%就是关于价值观的考核。如果员工工作业绩出色,但不符合阿里巴巴的价值观,仍然无法通过考核,不仅不能获得加薪、奖金、晋升,甚至有可能被辞退。文化不是用来装饰门面,不是高高在上,文化必须融入企业运行中,也就是形成执行力。

2. 有了想法就要去执行

"其实最大的决心并不是我对互联网有很大的信心,而是我觉得做一件事,经历就是一种成功,你去闯一闯,不行你还可以调头;但是你如果不做,就像晚上想想千条路,早上起来走原路,一样的道理。"马云提起当初,赞赏的是自己的勇气而不是眼光。

要让别人首先知道阿里巴巴,他是这样想的,也是这样做的。1999年至2000年,马云不断实施着一个战略行动。他成了"空中飞人",不停地往返于世界的每一个角落,几乎参加了全球各地尤其是经济发达国家的所有商业论坛,去发表疯狂的演讲,用他那张天才的嘴宣传他全球首创的B2B思想,宣传阿里巴巴。他如同一台不知停歇的机器,一台演讲机器。有时一个月内可以去三趟欧洲,甚至一周内跑七个国家。他每到一地,总是不停地演讲,他在BBC做现场直播演讲,在麻省理工学院、沃顿商学院、哈佛大学演讲,在"世界经济论坛"演讲,在亚洲商业协会演讲。这个瘦弱的男人大声地对台下的听众喊道:"B2B模式最终将改变全球几千万商人的生意方式,从而改变全球几十亿人的生活!"

非典期间,没有一家中国公司真正在这个方面有过经验,当2003年五一长假结束前一天,已经得知公司被完全隔离的阿里巴巴所有高层都忙着整理通讯录,安全电信部门则忙着给员工的家里安装电脑、宽带和通讯设备,阿里巴巴是个电话销售业务巨大的公司,马云迅速把所有的业务都分配到被隔离员工的家中,甚至没有多少客户知道阿里巴巴处于完全隔离这样一种状态,阿里巴巴给客户的感觉是完全处于正常的状态之中。

"立刻、现在、马上去做",我想,面对任何突发事件,甚至像非典这样的灾难,毫不缺乏执行力的马云及其团队都会比那些充满了思考和争论的公司有更强的生存能力和把握机会的能力——既然如此,那就去做吧,倒立也可以赢。

3. 个人品牌决定马云执行力

我们看马云6分钟搞定孙正义,上个卫生间确定8200万美元投资,打个高尔夫就跟雅虎达成10亿美元合作,若非是"谈笑有鸿儒,往来无白丁",普通人能做到吗? 没有个人品牌,能做到吗? 再看马云说北上就北上,想南下就南下,纵横大江南北,说请金庸就把金庸请到了,说搞个西湖论剑就真的把互联网的大佬们全请到了,想想看,没有中国黄页和外经贸的积累,没有个人品牌,能办得到吗?

对个人而言,需要段位,需要人脉,需要个人品牌。为什么呢? 执行力可不是自己做了就算了,而是要调动资源,实现结果的。自己啥都不是,怎么算执行力呢? 比如,自己就是个学生,每天早上自己去跑步,这不叫执行力,这叫有毅力。如果你是学生会主席,三下五除二,把专家名人请来了,把赞助拉来了,把事给办得漂漂亮亮,这才叫执行力。而且,越是有个人品牌的人,执行力越强。个人的执行力,也是一种正向反馈系统,个人品牌也是不断积累的成果,你的个人品牌越强,执行力就越强。

马云已经从"青蛙"变成了"王子",他已经超越了自己。马云取得了巨大成功而不骄狂,这使他更具领导魅力。所以,马云已经成为中国新锐企业家中的代表性人物。作为典型的孔雀型性格,在塑造品牌、自我宣传、鼓舞人心方面有天生的优势。马云的自信心指数,是一个优秀的商业领袖所需的最佳水平——充满自信但绝不至于自负。马云是一个真正经历了风雨的人,在最寒冷的冬天,当他们用自己的左手握住右手相互温暖时,其信心便由生铁炼成了钢。成功之后,马云还是这样说:"如果我马云能够创业成功,那么我相信中国80%的年轻人都能创业成功。"这句话当然是自谦之言,却表明他已经非常成熟。

自信而不自负的孔雀型领导者,社交能力极强。他们通过"朋友遍天下"促进事业的发展,"西湖论剑"和"网商大会"就是这种能力的体现。互联网界一年一度的"西湖论剑"将这一行业顶级人物的搜罗在一起,悄然为阿里巴巴壮大声势,"网商大会"又将各路江湖英雄每年聚拢在阿里巴巴的周围,这就是马云的颠覆智慧和强大的执行力,只要有一根杠杆,就可以撬动互联网的江湖。

4. 要有"山不就我我就山"的变通和韧性

比尔·盖茨在面对渴望应聘微软的大学生的一道面试题是"如何移动富士山?"而对于此,比尔·盖茨解释道:其实问题没有正确答案,我只是想了解这些年轻人有没有按照正确的思维方式去思考问题。其实答案很简单,如果富士山不过来,我们就过去。

马云正是具有这样一种"剑走偏锋"的变通执行精神——马云称银行不改变,我们就改变银行;马云说,别人做高端,做大客户,我偏偏做小企业,做中小企业;马云还说,忘掉money,忘掉赚钱;大多互联网公司都把总部设在北京,而马云偏偏把总部设在杭州;因为没有理想的支付体系和信用体系,马云和他的团队创造性地发明了支付宝。

在我看来,马云最值得创业者学习的,不仅是他的"闯劲",更应该是"谨慎前行"。前期摸索,拜师学艺,借船出海,马云绝对不是为了创业就把自己"置之死地"的野兽派创业者,相反,而是用最小的代价来做好创业前的准备。我们看到水利万物而不争,水虽然是最柔弱的,但也是最顽强的,滴水可以穿石,遇到岩石也会改变方向,迂回前进。马云正是会变通的人,能够贯彻并执行,晓变通而不去找借口,这使他的执行力更强大。

　　黄页给了马云苦难、磨难、委屈和打击,给了马云理想、变通、坚持和韧性。所有这些都是比金钱和股份更为宝贵的东西。如果这些马云都扛过来了,还有什么做不成呢?

第三部分
境 界 篇

哲学家冯友兰在《新原人》一书中曾说："人与其他动物的不同,在于人做某事时,他了解他在做什么,并且自觉地在做。正是这种觉解,使他正在做的事对于他有了意义。他做各种事有各种意义,各种意义合成一个整体,就构成他的人生境界。"谈起境界,冯友兰又将境界分为四个阶段：自然境界、功利境界、道德境界和天地境界。

　　一个人做事,可能只是顺着他的本能或其社会的风俗习惯。就像小孩和原始人那样,他做他所做的事,然而并无觉解,或不甚觉解。这样,他所做的事,对于他就没有意义,或很少意义。他的人生境界,就是我所说的自然境界。

　　一个人可能意识到他自己,为自己而做各种事。这并不意味着他必然是不道德的人。他可以做些事,其后果有利于他人,其动机则是利己的。所以他所做的各种事,对于他,有功利的意义。他的人生境界,就是我所说的功利境界。

　　还有的人,可能了解到社会的存在,他是社会的一员。这个社会是一个整体,他是这个整体的一部分。有这种觉解,他就为社会的利益做各种事,或如儒家所说,他做事是为了"正其义不谋其利"。他是真正有道德的人,他所做的都是符合严格的道德意义的道德行为。他所做的各种事都有道德的意义。所以他的人生境界,是我所说的道德境界。

最后,一个人可能了解到超乎社会整体之上,还有一个更大的整体,即宇宙。他不仅是社会的一员,同时还是宇宙的一员。他是社会组织的公民,同时还是孟子所说的"天民"。有这种觉解,他就为宇宙的利益而做各种事。他了解他所做的事的意义,自觉他正在做他所做的事。这种觉解为他构成了最高的人生境界,就是我所说的天地境界。颠覆的最高境界应该在天地境界,是一种因为了解,而自觉去做的境界。

最后一部分"境界篇"主要有两个章节,分别讲了"马云的危机意识"和"马云的自我颠覆"。

在第一章中,我们将看到马云是如何从容应对危机,将了解到马云为什么抛出了"冬天论"、"春天论",为什么他要说出将支付宝献给国家的话,他为什么屏蔽了百度的爬虫,这中间有什么千丝万缕的关系?

在第二章中,我们会看到马云有过怎么样的失败? 一直对外展现眼光和洞察的他又面临着什么重大的压力? 被称为狂人的马云是一个超级有底气的人,这个底气来自于哪里? 让商人没有难做的生意,这个底气来自于哪里? 颠覆沃尔玛,这个底气来自于哪里?

颠覆的境界,源于自身,人最大的敌人就是自己。金庸的武侠小说中,常常有这样的故事蓝本,那些武功高手,往往最难堪破的,就是自己的心魔,有的是好胜心,有的是情关,有的是仇恨,而这些心魔是最终导致他走火入魔,或者失败的原因。战胜不了自己,最终也战胜不了任何人。战胜自己,就是一次完成自我颠覆的过程。强烈的危机感和不断地自我颠覆,让马云能站在更全面的角度,去了解、去分析、去解决他面对的问题。酷爱武位的马云善用颠覆,甚至不怕颠覆自我,他还想等他淡出"江湖"之际出一本书,叫《阿里巴巴和一千零一个错误》,"以儆效尤"。

第六章

颠覆需要有一种危机意识

如影随形的危机感

在挪威,人们很喜欢吃沙丁鱼,尤其是新鲜的沙丁鱼。市场上活的沙丁鱼的价格往往比死鱼要高许多,所以渔民总是千方百计地让沙丁鱼活着回到渔港。可是,虽然经过许多方法的努力,绝大部分的鱼还是在运输途中因窒息而死掉。然而人们发现有一条船,总能让大部分沙丁鱼活着回到港口。好奇的人们询问船长后得知,原来船长在装满沙丁鱼的鱼槽里放入一条吃鱼的鲶鱼。鲶鱼进入鱼槽后便四处游动,沙丁鱼见了鲶鱼十分紧张,四处躲避加速游动,这样沙丁鱼便活蹦乱跳地回到了渔港。多聪明的渔夫啊,用危机让沙丁鱼生存。现代社会,人们也越来越需要危机感了。危机感是一个人进取心的源泉,是一个人成长发展的重要动力。一个人失去了危机感,就会变得安于现状。裹足不前,等待他的只有被淘汰的命运。马云是一个有很强烈危机感的人,当年他拿到软银投资的时候,孙正义准备投3500万美元,马云看到了钱多难以控制的危机,说我不需要这么多,钱多了烫手,死活只要2000万美元。对马云来说,这种危机意识,其实是很现实的。今天的阿里集团,虽有上亿的收入,但作为一家民营企业，还是相当的弱小，时刻面对不同程度的挑战，面对成群的巨型食肉动物，如若忽视，就会被这些食肉动物分而食之。

危机是一种常态，在日本松下公司内，随处可见泰坦尼克号撞向冰山的图画，为的是让公司员工时刻保持一种危机感。居安思危，防微杜渐。尤其是中国的国情，一个企业想要做大很不容易。对马云来说，102年的企业能做到吗？现在才十来年，打一个大大的问号。做的企业越大，越不能犯错。马云说，忽然发现如果有一天阿里巴巴没有了，可能就有一大批的中小企业破产。企业大了，一举一动都影响着千百万人的生计，不能不小心，不能没有危机感。你看国美，黄光裕曾经是首富啊，首富今天也要在监狱里，呆多久？判了14年。国美这么大，危机有吗？有。蒙牛呢？也危机啊，结果被中粮给收购了。腾讯有没有危机？有啊，传说是移动要收购，但是现在还没有动手。企业越大，危机越大啊！规模小的，更惨，直接就倒了，像PPG。

马云在中国黄页的撤退，在外人看来，可能是套现走人，但在创业者当时，可能还有另一种危机感，在面对更强大的资本和权力的时候，如何保证企业能安然度过危机？后来的互联网冬天危机、金融危机、马云的冬天论和春天论，我们发现，企业越大，马云的危机感越强烈。玩过光荣出品的三国游戏系统的人，都知道游戏中的角色有一个参数，叫政治力，政治力高的人，办事的效率和成果会高很多。危机感其实就是一种政治能力，就像人的饥饿感，能让人增强免疫力一样。

虽然说生于忧患，死于安乐，可是真正要把危机感贯彻到企业中去，却是难上加难。总有尝试者，无论是任正非，还是张瑞敏，最后他们会发现，危机感还在他们自己的头上，员工其实离危机感很远。其实，有危机感是对的。但是，一有危机感就找一大堆人开会，说我有危机感了，你们要注意。这就不对劲，实际这是转嫁危机感，把本来自己的危机感转嫁给别人。不是有那么句话么，天塌下来有高个子顶着。对一个企业而言，危机感，就是要领袖顶着。危机感，有篇文章曾说，李开复和马云都犯了很多错误，但都不知道错在哪里。这个说法很有特点，也启发了我。好像有点对噢，李开复当年的谷歌中国一个劲被骂，再早点马云也不是没经历过麻烦。"2006年他已经被修理过一把了，在雅虎身上也交了不少的学费。如果一直捧到现在，我估计我们会死得很惨。"阿里巴巴参谋长曾鸣说。李开复被骂得后来干脆跑去开创新工场了，结果开创新工场也被骂，马云好一点，上市了，骂得好像少了点。其实谁都活在危机中。

当然，马云的团队很有执行力，企业文化也很有特点，但是有危机了就开会，大谈企业文化，感觉有点滑稽，大炮打蚊子的感觉。就像听见外面有动静了，于是紧急集合，全军戒备，并训话，要提高警惕云云。文不对题啊。有动静，你判断动静来自何方，做出应对就可以了，这是将军根据情况来做出判断的事，最多是你的警戒线设置、你的哨兵安排的问题，犯不着全军训导，危机关他们啥事呢？

大多数清洁工都会想，金融危机来了，关我啥事呢？但我们的文化就喜欢咋呼，唉，金融危机来啦，2012来啦，好像每个人都应该关心国家大事一样。但是，即便是"9·11"，美国人不也还是该干什么干什么吗？每个人，只要做好自己的本分，就是最大的贡献了。危机来了，是领袖的事，这也是一种常态。这跟名人几乎没有隐私权一样，领袖们天生就要背着危机感。这年头，没有点危机感，还真没法去达沃斯见人呢。所以，领袖们，别费劲了，好好自己危机着吧，别折腾员工了。

马云说过，做CEO注定是孤独的。

案例1·危机来了,去花钱!! 去消费!!!

"去花钱!! 去消费!!!"2009 年 1 月 20 日,阿里巴巴董事局主席马云给全体员工的内部邮件中,一连用了 5 个惊叹号。在经济大环境面临空前困难之时,阿里巴巴公司仍然做出了 2009 年加薪计划和 2008 年丰厚的年终奖计划。唯一的例外是副总裁在内的所有高层管理人员全部不加薪。马云在邮件中给全体员工的解释是,越是在困难时期,公司资源越应该向普通员工倾斜,紧迫感和危机感首先要来自公司高层管理者。马云在激励员工的热情之外,还流露出审慎的判断。"尽管经济环境不好,但只要公司实现了战略目标,我们仍会奖励优秀员工;然而,即使经济环境好了,而我们的成绩差了,即使所有公司都在加薪发奖金,我们也会选择相反的做法!"

在全球经济危机的影响下,有不少企业或因经受不住经济危机的打击倒下了,或因此欠下公司员工不少工资,或打算给员工减薪。然而,马云却反其道而行——打算给员工加薪和发年终奖! 马云这种做法似乎有一种反弹琵琶的味道,起初可能会令人大惑不解。那么,马云为什么要这么做呢? 通读马云的邮件,再联系实际和未来,原因可能有三个方面。

其一,展示责任。社会发展到今天,企业已经从当初的"经济人"进化成"社会人"。毫无疑问,在马云的字典里,绝不是为了自己这一生而经营阿里的,而是为了阿里的生生不息来经营它的。所以他不会短视到赚得一点算一点。他不仅要对阿里负责,而且还要对社会负责。因此,他不能放弃社会责任,否则,阿里最终会被社会抛弃。马云决定在最困难的时期给员工加薪发年终奖,一定程度上为了这份责任。

其二，鼓舞信心。也许马云知道，越是困难时期越要有信心，而且，这种信心不光是他马云一人有就能让企业挺得住，而是需要全体员工对企业有信心，才能激发无穷的力量。一个人只是一点星火，一群人会是一团火焰。所以，当别的企业都因经济危机出现悲观和懊丧情绪时，马云则用这种反其道而行之的办法给企业员工打了一支强心剂，使企业员工振作精神，唤起员工应对危机的信心、勇气，激发员工的创新精神和不懈怠的斗志。

其三，留住人才。常言说得好：留得青山在，不怕没柴烧。企业越是困难的时候越需要人才。如何留住人才？在经济危机面前，一是靠责任，二是靠信心，三是靠福利。毫无疑问，在经济最困难的时候，企业不但不减薪，反而给员工加薪，不仅能极大地激发员工的工作干劲和工作激情，从而留住人才，而且，必将吸引更多更优秀的人才到阿里来。

马云颠覆危机，逆势而动，不但不降员工的薪，反而给员工加薪发年终奖，这还不算，他甚至选择了一条令外人看起来有些惊讶的线路——继续投入，扩张外贸。马云说："危机真的来了。过热的时候，我们需要变得冷静。大家都失去信心的时候，我们需要突飞猛进，这就是商业。"在马云逆势而动的策略中，阿里巴巴率先启动了由B2B首席执行官卫哲领衔的"帮助中小企业'过冬'生存发展"的特别行动计划，其中，仅"帮助中小企业吸引全球买家"的海外推广计划就在海外投放广告达3000万美元。阿里巴巴表示，这将有助于中小企业"过冬"，为客户提供更多、性价比更高的推广方式。

之后阿里巴巴在全国范围内推出"援冬"实质性产品"出口通"。这是阿里巴巴启动"150亿援冬计划"的又一个重要战略步骤，通过变相降价的方式让利给受困的中小型外贸企业。阿里巴巴CEO卫哲表示，目前全世界像中国这样形成制造业完善产业链和生态链的国家还没出现。10年之内，中国作为世界上最重要的制造国家以及最大的出口基地的角色不会改变。中小企业目前遇到的出口难等问题只是暂时的。这是阿里巴巴坚持协助中小企业继续在海外寻找商机的根本原因。

实际上，马云早就看到必须和中小企业共渡难关。早在3个月前他就表示："如果我们的客户都倒下了，我们同样见不到下一个春天的太阳！""对未来，我们必须要有独特的看法。"马云说，当大家都看到机会并为之疯狂的时候，我们必须去想一想，风险在哪里，灾难在哪里。

讲完"冬天论"，马云随即又抛出了"春天论"。"我们还是要相信，冬天已经来了，春天还会远吗？当大家都在恐慌时，机会就在这里。如果你和别人一样，总是抱怨大环境不好，真正的好机会，就从你的指间溜走了。遇到困难，我们要有乐观主义的精神。"

危机、危机，危中也蕴含着机会和机遇。但大多数人在危机到来之前，既没有看到危，当危机到来后，更没有看到机。从马云的这番"冬天论"邮件中，可以看出阿里巴巴是个有危机感的企业，更进一步地说是马云具有很强的危机意识；也可以看到，他对当前的经济形势是做了理性思考的。

案例 2 · 如影随形的危机

很多都市中的白领，中午、傍晚下班后已经不再去周边的商厦逛街购物，而是习惯上网"逛街"。调查数据显示，每天有近 900 万人上淘宝网"逛街"。据新生代市场监测机构的调查，像沃尔玛、家乐福这种大型卖场，一个门店一天的平均客流量低于 1.5 万人。这意味着，淘宝网一天的客流量相当于近 600 家沃尔玛的客流量。越来越多网民相信并乐意通过网络购买服装、日用品、食品、保健品、母婴用品和家用电器。其中,购买日常生活用品已经占到网购总量的30%。财经作家吴晓波在他的文章中说,"如果要想找一个企业来证明中国经济的内在萌生动力的话,淘宝网是最合适不过的样本"。

然而,在淘宝成功大胜易趣,并高居国内C2C市场第一的宝座之后,另外两家互联网巨头,也盯上了这个市场。面对金融危机,马云可以通过发奖金和逆市扩张提振士气;面对易趣,马云可以利用易趣对国内市场的反应迟钝而轻松取胜;面对实力强大且对国内市场非常熟悉的百度和腾讯这样的对手,可谓杀机四伏,马云还真的有点头疼。

为了狙击李彦宏在C2C业务上的布局,马云在"百度有啊"面市前夕,宣布淘宝网全面屏蔽百度对淘宝网商品信息的抓取。一直以来,搜索引擎都是网民们准确找到信息的主要方式,所有网站的SEO工作也是针对百度、Google开展,希望利用搜索引擎给网站带来足够多的流量。有数据显示,淘宝差不多10%的流量来自搜索引擎。作为占有国内搜索市场七成以上份额的百度,没有任何互联网企业敢向百度说不,并采取这种"封杀"的激烈手段,马云是第一个。

淘宝屏蔽了百度爬虫,禁止百度抓取淘宝网的用户数据、商品、交易数据。网友无法通过百度搜到淘宝商户的物品更新,这对淘宝是有一定影响的。不过,淘宝通过这几年的发展,已经占据了C2C电子商务行业最大份额,遥遥领先于其他几个对手,并且已经形成了良好的电子商务品牌,这种定位在消费者心里已经形成理念。而这种定位一旦形成,就好比是市场中的品牌商铺和饭店一样,"回头客"将贡献较大部分营业额。数据显示,近八成网购人群在网购中很少或从不使用外部搜索引擎;剩下二成人群,使用搜索引擎的主要目的是搜集与查询产品资料,并不涉及交易。因此,淘宝对百度的依赖性变得越来越弱,封杀百度爬虫对淘宝用户和流量影响不会太大。没了百度搜索对商铺信息的抓取,淘宝开始加大自身的宣传。

淘宝宣布开发 API，走开源之路，打造大淘宝，让千万站长帮助淘宝商户做广告，让淘宝商铺形成实体商铺的广告营销模式。此外，淘宝不但做商铺，还做电子商务服务等基础性业务，扩大淘宝收入来源。

相对于跟百度的这场仅需要拿出壮士断腕、壁虎断尾的勇气的交锋外，淘宝跟腾讯拍拍的交手，可谓是硝烟四起、危机四伏。在这场还未落幕的战争中，双方各种招数都使上了，从最原始简单的免费、挖角到吵架、造谣，榔头大棒、枪弩箭矢全使上了，其中最出名的当数拍拍靠"蚂蚁搬家"成功狙击"招财进宝"。2005 年 9 月 12 日，腾讯发布独立域名为 www.paipai.com 的电子商务交易平台拍拍网。为了拍拍网，腾讯从淘宝网挖走了很多人，为此淘宝网总裁孙彤宇曾在 2006 年初和马化腾吵过架，但更激烈的竞争在这一年年中展开。2006 年 5 月 10 日，淘宝网推出"招财进宝"的竞价排名服务，是淘宝网为愿意通过付费推广而获得更多成交量的卖家提供的一种增值服务。就在淘宝网尝试用"招财进宝"这样的竞价排名来收费时，拍拍网差不多同时推出了"蚂蚁搬家"活动，"大雨来袭，蚂蚁搬家"的广告词更让人浮想联翩。活动主打免费牌，着力吸引淘宝卖家倒戈，同时在拍拍网首页显著位置设置了"淘宝店主搬家签到处"，作出"搬家就送推荐位，开张就送大红包"的承诺，还直接将淘宝的信用度导入拍拍网中。这次交锋的最终结果，是淘宝网暂时放弃了这项服务。但这场无硝烟的战争还没有结束，马云开始不断地推出新功能，为淘宝卖家提供更好的服务。例如 2008 年 9 月 8 日，淘宝网推出"消费者保障计划"第三期。这个"消费者保障计划"第三期的内容包括：数码与家电类目 30 天维修、古董珠宝类目保真、食品类目认证审核、奢侈品鉴赏等举措。不断地强化个性化服务，为网购消费者提供更好的购物感受。利用不断的创新，远远地将对手甩在身后。

除了外部的竞争对手，马云还要面对淘宝卖家的问题。2010 年 7 月，淘宝的

"七月新政"演化为中国互联网业一场罕见的观念对峙、利益对峙和行为对峙！一面是马云慷慨激昂地陈述"促进新商业文明"，一面是中小卖家愁云惨雾地呼吁"给我一条生路"。谁对谁错？谁是谁非？针对这场空前的危机，马云给员工发了《为理想而生存》的内部邮件，表示淘宝调整搜索规则，是为促进开放、透明、分享的新商业文明，是要全力支持那些诚信、开放和承担责任的企业。他警告"那些想通过闹事和传播谎言获益的人"、"那些黑色产业链中的恶势力"——我们宁可关掉自己的公司也不会放弃自己的原则。他鼓舞员工：为理想而战吧！

马云将面临的挑战还会越来越多。如何保证互联网交易模式的公平、公正、公开？电子商务的本质优势和困境又是什么？危机在电子商务教父马云这里，就像一条冰冷的蛇盘踞在他的心里，如影随形！

案例3·随时准备把支付宝献给国家

2003年5月，淘宝网站面市。同年10月18日，淘宝网首次推出支付宝，面向淘宝提供交易担保服务，重点在于解决网上交易的信任问题。支付宝完善的第三方担保和信用评价功能使得支付宝逐步成为了网上交易双方普遍接受的标准。

随后2004年12月8日，支付宝从淘宝网分拆出来，整个业务流程与淘宝网的业务流程剥离，"浙江支付宝网络科技有限公司"成立，支付宝正式独立运营，支付宝开始从第三方担保平台逐渐向在线支付平台转变。但剥离出来发展的支付宝前面的路困难重重，在国内，网络第三方支付是一条从没有人走过的路，一条需要支付宝去开创的路。现为支付宝金融合作部资深总监的葛勇荻回忆他接触支付宝的情形：5年前第一次与支付宝接触，那时他还在工商银行任职。"只有两条外线电话的客服"，这是他对支付宝的第一印象。

尽管如此,摸着石头过河的支付宝,还是迎来了它发展的机遇。在 2004 年前后,各大银行先后推出了自己的网银系统,但苦于没有应用业务,这恰恰给支付宝带来了一个很好的切入机会。从那时起,支付宝便开始了与国有银行的漫长接触。不过随后的谈判却遇到了诸多流程上的困难:新业务没有制度可循,要报批,系统也要重新改造,而各家银行对此的接受程度也不一样。即便是相对而言系统较新的建设银行,产品从构思到最终推出也用了超过 10 个月的时间。

这一条路走得太艰难了,但马云和支付宝的团队,没有丝毫停息和放弃,经过不懈的努力,支付宝终于从 2003 年底最初成立时,仅仅是淘宝网内部一个负责解决交易双方信用问题的部门,规模不过十多人,发展成为阿里巴巴旗下的独立子公司之一,拥有员工 1300 多名。截至 2009 年 12 月,共有 6 家国有商业银行、13 家全国性股份制商业银行、40 多家区域性银行与支付宝开展了合作,"支付宝一卡通"也由借记卡延伸到了信用卡。一份来自国内互联网咨询机构"艾瑞咨询"的报告认为,国内网上支付市场已经迎来了黄金年代,到 2012 年,国内网上交易的支付总额会超过 2 万亿。作为最早进入这一领域的国内淘金者,支付宝依靠其大胆的"信用中介"角色占据了市场的头把交椅,站在了自己成立以来的一个新高点。它的底部是数十万的淘宝网卖家、46 万家外部商户、超过 2 亿的注册用户,使用范围覆盖航旅、公共事业缴费等七大应用领域。

现在,支付宝的目标是赶超 eBay 旗下的 PayPal,成为全球最大的第三方支付平台。PayPal 在全球范围内拥有 7500 万用户,每秒产生 2000 美元的交易额度,2009 年全年交易量超过 630 亿美元(约合 4297 亿人民币)。但是如果支付宝也有如此巨额的交易量,这将会使支付宝有一个潜在的麻烦,会将支付宝置于一个随时可能不期而至的政策天花板之下。以至于马云在 2009 年 5 月时便公开对外表示:"支付宝随时可以贡献给国家。"马云的这句话多少有些令人吃惊,一家率先进入这个新兴行业的民营公司,依靠本地化的市场策略、周到的产品设计、逐渐完善的用户体验取得了成功。当它有可能在国际上赶超一家世界级对手的时候,创始人却摆出了可以让位于"国家队"的姿态,何故?

其实"献给国家"这种担心,马云在很早的时候就有所显露。实际上自2005年起,在还没有相关条例规定的情况下,支付宝就开始了与各级主管部门的主动沟通;2006年6月,工商银行根据支付宝的要求,开始在每个月的抽查之后,出具支付宝《客户交易保证金托管报告》。这就是马云的危机意识和商业智慧,也有人说马云其实是个"政商",非常了解国家的想法,这也是他在金融危机的时候逆向给员工发奖金、逆向行业投资的原因,他的意图是给国家留下一个好印象。这些猜测,到底哪一种是马云心里所想的,我们不得而知,唯一不可置否的是他那"外星人"的脑袋里、那深邃的目光中无时无刻不在透露出他超前的危机意识,他就像一台超大功率的雷达,分分秒秒都在收集潜在的危机信息。

本章启示

谁是你的敌人?

谈危机,近期的一个焦点事件可以说是危机中的危机了,曾为中国首富的国美创始人黄光裕与现任国美CEO陈晓的国美之战,充斥着大小媒体,占据我们的眼球。要说强大,国美的确强大,那么多家电厂商都要给面子,国美是说一不二,要说富有,国美也确实富有,否则黄光裕怎么能成为中国的首富呢?饶是如此强大、如此富有的国美,也逃不过危机。

这场轰轰烈烈的国美之战中,双方动用了全部的资源。据内部人士透露,光公关宣传费就不下八位数。外行看热闹,内行看门道。坊间看似热闹、众说纷纭的国美控制权之争,其实很多人只看到了一地鸡毛的花边,只关注于眼前上蹿下跳的股价,只眼花缭乱于世俗人心的感慨。更有人说,国美电器的黄、陈之争不管结局如何,一定会成为商学院绝佳案例。其实,惹人注目的经典 MBA 案例之外,黄光裕这 14 年的牢狱之灾,对中国家电连锁的两个巨头国美和苏宁,以及中国家电连锁业的走势,存在着此消彼长的关键性的影响。

在报摊上看到《第一财经周刊》的封面,标题是:谁是国美的敌人?觉得非常出色的标题,但是出现的却是黄光裕和陈晓两人的头像,颇令人不解。难道黄光裕和陈晓成了国美的敌人了?而这些年不断缠斗不清的苏宁算是国美的朋友吗?

我们看金大侠的武侠小说,比如两派相争,如果一派内部出现矛盾,像魔教阳顶天教主不在,四大护法分成几派,于是魔教溃散,几大名门正派联合攻山,魔教死伤惨重。其实真正的敌人是谁,仍然还是你的竞争对手,因为只有你的竞争对手,是希望将你整体击倒,全面打垮,取而代之,包括你的门店、你的骨干、你的现金流、你的供应商,最后让你一无所有。

反过来,如果国美倒了,对黄光裕有利吗?百害而无一利,他苦心经营的国美是他唯一的事业平台,他的主要收入来源,或许他心中认为,哪怕现在输一点,只要国美还在自己手中,那就一定能再度超越苏宁,于是宁可"攘外必先安内",大打内战。其实他想错了,黄光裕也是一个普通人,只不过顺天应时得到了机会,创办并成就了国美,如果今天从头来过,不一定是黄光裕,这就是时势造英雄。太阳神今天仍在,又如何?当年响当当的人物,今天也都能找到,又如何?机会只给有准备的人。无论是什么样的英雄人物,都不是神,都是顺应该时势而成就事业,而国人迷信英雄,迷信个人崇拜,英雄也自恋,就是伟人也逃不出这个怪圈,重新上山打游击是不可能的了。如果没有国美,黄光裕或者就跟当年小霸王的胡志标一样,或者与今天的新浪创始人王志东一样,跟一个普通小老板没有什么区别。

当然,如果国美倒了,对国美的高管更加不利。因为他们将背上骂名,乱臣贼子、反骨仔,忘恩负义、见利忘义,因为世人是不了解内情的,殊不知多少历史人物,都是被冤枉的。像陈世美,据说并非是现在戏剧里的角色,而是杨家将中的反面角色潘美,历史上也是一位屡立战功的大将,可见历史都是人写人传的。而国美的高管,如果没有了国美,其将来的职业之路会更加坎坷,因为哪个还敢用他们呢?

那个在一旁默默冷笑、面对记者假意表示沉默的苏宁呢?其实正在集聚所有的内功,准备在你最不注意、最虚弱的时候,给你致命的一击,因为你们本来就是天敌!

面对复杂的环境,面对大环境、竞争对手以及政策层面,马云都有天才的表现,这也是他和他的阿里巴巴团队能闯过重重的难关,至今仍然屹立的原因。马云不但有强烈的危机意识,更有出色的应对危机的策略。

1. 对大环境明察秋毫

变化永远充满多变性,必须不断对灾难降临的可能性进行预测,即使没有灾难时也要做好准备。东西方哲学的核心思想就是拥抱变化、创造变化。形势好的时候要为形势不好做准备;形势不好的时候,我会调整心态,对自己说:机会来了。

"对未来,我们必须要有独特的看法。"马云说,当大家都看到机会,并为之疯狂的时候,我们必须去想一想,风险在哪里,灾难在哪里?

"我们还是要相信,冬天已经来了,春天还会远吗?当大家都在恐慌时,机会就在这里。如果你和别人一样,总是抱怨大环境不好,真正的好机会,就从你的指间溜走了。遇到困难,我们要有乐观主义的精神。"

危机危机,危中也包含着机。而大多数人,在危机到来之前,既没有看到危,当危机到来后,更没有看到机。

2. 强烈的忧患意识

马云有强烈的忧患意识。没有一个企业家能够比他更具有忧患意识,也许大家不知道的是,外界的一个小小的批评和质疑,他在企业内部批评得要远比外界批评的严重十倍以上,更重要的是大多数比外界批评的要早半年甚至一年以上。

我们看动物世界,观察环境的能力其实是动物生存的必备本领,越是大型的食肉动物,这种意识就越发强烈,狮子、狼群都有自己的领地,随时巡视,并感觉是否有外敌入侵,判断是否能力敌,是智取,还是逃跑,决定了这些食肉动物的生与死。对马云来说,这种危机意识,其实是很现实的。今天的阿里集团,虽有上亿的收入,但作为一家民营企业,还是相当的弱小,面对的是成群的巨型食肉动物,国外的、国内的、经济的,还有政治的,如若忽视,就会被这些食肉动物分而食之。

危机是一种常态。居安就要思危,防微杜渐。尤其是中国的国情,一个企业做大很不容易,做不大很正常,时不时就要想一下,是不是有危机了。对马云来说,102年的企业能做到吗? 一定要居安思危。

事实上,马云说,"我确实不太喜欢关注竞争对手,就像我几年前讲过的大家听起来不太爽的那句话,我说我用望远镜也找不到竞争对手。其实我当时真实的意思是,我找的是学习榜样而不是竞争对手,全世界有那么多榜样要去看,要去学习,为什么要去找竞争对手呢?"其实在这里,马云是表达一个竞合的观点,狂人马云越来越成熟了。

3. 懂政府的心

阿里巴巴的创始人马云在 2009 年 5 月时主动表示:"支付宝随时可以贡献给国家。"这就是马云的危机意识和商业智慧,也有人说马云其实是个"政商",非常了解国家的想法,这也是他在金融危机的时候逆向给员工发奖金、逆向行业投资的原因,另一个意图可能也是给国家留下一个好印象。

对外部危机异常敏感的马云,已经感觉到头顶上悬着的那把剑所发出的寒气。他能做的,就是尽可能地小心。这考验的是马云的生存智慧。在政府对互联网业加强控制和普遍的"国进民退"下,他能独善其身吗?他必须不断与政府沟通并证明——淘宝和支付宝都是守规矩的好孩子,电子商务正推动着中国经济的转型,为扩大内需作贡献。

我们发现,企业越大,马云的危机感越强烈。玩过光荣出品的三国游戏系统的人,都知道游戏中的角色有一个参数,叫政治力,政治力高的人,办事的效率和成果会高很多。危机感其实就是一种政治能力,就像人的饥饿感能让人增强免疫力一样。

第七章

颠覆的最高境界——自我颠覆

最大的敌人是自己

执行力越强,如果犯了错误,毫无疑问,这个错误的危害就越大。一个士兵犯了错误,可能会在战役中受伤,甚至失去生命,但这都是一个人;如果一个连长犯了错误,可能会影响一次战役和上百人的生命。那么,马云会不会犯错误?阿里有没有自我纠正的能力,避免那个看起来还没出现的不可收拾的危机?

在我看来,马云最为可贵的,是他出身于草根,除了英语之外,一无所长,所以他有一种空碗精神,能合作和兼听,能从实际出发,尊重常识和客观规律。这些在他创业时期,表现得非常突出。虽然常常坚持己见,但往往可以兼听多种意见,看到硬币的另一面,在矛盾的对立统一中,找到自己坚持的依据。当然,可贵的是,他能够颠覆自我。

马云说,3 年前在一次新闻发布会上,有两个老外化妆成记者,突然向我扑了过来。他们怒气冲冲地说,我要抗议!反对淘宝上卖鱼翅。当时我也很冒火,但最后承诺我个人不吃鱼翅。后来我们就在淘宝上封杀鱼翅,阿里巴巴上不能卖鱼翅。这个政策,得到年轻人的支持,也得到了网友的支持,业界也给予了高度评价。如果你希望你的企业有未来，就请关心环境，关心社会，这个企业才能走得远。制定公司政策不是为了取悦员工、取悦客户，是为了做正确的事。

我看过一个关于阿里集团客户的故事，有个客户想做一个"爽一下"的广告，具体记不清了，好像是放一个天安门啥的，其实这种客户我也见过不少，今天我们也可以看到很多电视广告，都是大啊，豪啊之类的。阿里的人劝告说这种广告的效果不好，但是客户执意不听，最后火了，说钱是我出的，你们就让我"爽一下"撒！事实上，最后的效果可想而知。

人不是天，不是圣人。人做事肯定有主观的一面，但是要想做成事，就必须尊重客观的规律。所以说，人成功的过程，就是克服自己的主观，就是一个自我颠覆的过程。有这样一句话，听起来很励志，"如果改变不了世界，那就改变自己"。其实，在我看来，要想改变世界，必先改变自己。这个客户主观上爽了一下，客观上离成功远了一步。

颠覆自我，首先要认错。往往很多人好面子，不肯认错。马云不然，他大方地承认自己错过，也曾多次谈过关于失败的话题。他说："互联网上失败一定是自己造成的，要不就是脑子发热，要不就是脑子不热，太冷了。"他还说："我觉得网络公司一定会犯错误，而且必须犯错误，网络公司最大的错误就是停在原地不动，最大的错误就是不犯错误。关键在于总结、反思各种各样的错误，为明天跑得更好，错误还得犯，关键是不要犯同样的错误。"

马云也不是百战百胜，马云不介意否定自我，马云坦承十年来失败比成功多，第一次扩张马云失败过，雅虎中国马云失败过，招财进宝马云也失败过。而如果按马云的说法，最大的失败就是放弃。那么，马云其实还失败了很多次。在中国黄页和外经贸的事业风生水起之时，也为了坚持理想而决然地放弃。当然，也有很多失败，其实是无可奈何。谈到早年经历，马云说："在5年的教书生涯中,我一直梦想着到公司工作,比如饭店或者其他什么地方。我就是想做点儿什么。1992年,商业环境开始改善,我应聘了许多工作,但没有人要我。我曾经应聘过肯德基总经理秘书职位,但被拒绝了。"

今天,我们看到的是马云的成功。而他在每次决策前,都是征求各方的意见,即便是站在所有人的对立面,他也会坚持自己的选择,这并不意味着他比别人高明,也不意味着他不重视别人的意见。恰恰相反,在这种征求意见中,他看到了另外一面,他了解到硬币的另一面,这让他看问题更加全面一些,让他更有敬畏感。马云多次表达这种观点:如果重新再来一次,也承认不会重复成功,今天的成功,只是幸运。

正是这种不断地颠覆自我,让马云能站在更全面的角度理解他面对的问题。事实上,既然有了平常心和洞察本质的能力,为什么不能反对自己呢?如果自己是错的话,反对自己,只会让自己得益,又有何不可?

颠覆的最高境界,就是颠覆自我。马云不怕颠覆自我,甚至还想等他淡出"江湖"之际出一本书,叫《阿里巴巴和一千零一个错误》,"以儆效尤"。

案例1 · 大撤退

马云是人,不是神。他自己也坦然承认犯过很多错误,承认做企业犯错误不可避免,并把这些错误当做宝贵财富。马云说过:"几年来我们犯过好多错误,这些错误别人做也要——犯过,这些错误就是我们的财富。"

阿里巴巴创业早期,马云有过重大决策失误,那就是过分追求国际化和过早实施海外扩张。2000年,高盛和软银的2500万美元到位,马云决心大干一场,阿里巴巴把摊子铺到了美国硅谷、韩国,并在伦敦、香港快速拓展业务。2000年曾被当做阿里巴巴扩展海外市场的关键年。1月份孙正义的2000万美元到账,2月份马云就率队杀到欧洲。"一个国家一个国家地杀过去,然后再杀到南美,再杀到非洲,9月份再把旗插到纽约,插到华尔街上去:嘿!我们来了!"这是当年马云的豪言壮语。

马云说过,阿里巴巴一开始就是一个国际化的公司。这是千真万确的。

正因为国际化,正因为阿里巴巴同步推出了英文网站,才使阿里巴巴迅速获得国际声誉,迅速获得海外媒体的关注,这对于创业初期无钱无名的阿里巴巴很重要,以至于在相当长的时间里,阿里巴巴处于"墙内开花墙外香"的状态。

然而国际化是一把双刃剑。过分、过早追求国际化更是对阿里巴巴的严重伤害。

为了适应国际化的要求,阿里巴巴一开始就把总部放在了香港(后来也一度放在上海)。阿里巴巴的香港总部很快就发展到几十人,其中有来自跨国公司的高级管理人才,也有出身美国名牌大学的国际化人才,他们用美元发放的年薪都在6位数之上。

互联网技术发源于美国,最好的技术人才都集中在硅谷。阿里巴巴为了打造世界一流网站,把它的服务器和技术大本营都放在了美国硅谷。2000年5月,马云成功地挖来了雅虎的搜索器之王——吴炯。靠着吴炯的帮助,阿里巴巴的美国研发中心很快聚集了许多硅谷的顶尖技术高手。美国中心人数最多时有20多名,他们的开销比杭州总部200多人的开销多好多。

为了占领世界大市场,继我国香港地区、美国之后,阿里巴巴又建立了英国(欧洲)办事处和韩国办事处。阿里巴巴的韩国网站是一个合资公司,不仅推英文网站而且还推韩文网站。而阿里巴巴的台湾地区网站,日本以及和澳洲的网站都在积极筹备中。

阿里巴巴就这样拉开了向全世界进军的阵势。在世界各地遍插红旗的感觉的确很爽。可惜当时的阿里巴巴还不具备走向世界的实力,它向海外扩张的战略整整早了5年!

马云和阿里巴巴的高层当初为什么会做出这样国际化的一个战略?马云说:"互联网上失败一定是自己造成的,要不就是脑子发热,要不就是脑子不热,太冷了。"刚刚拿到2500万美元投资的马云是不是有点头脑发热?

香港地区的网站,还有美国、欧洲、韩国所有这些网站每月的花销都是天文数字,而所有这些网站又都是只出不进没有一分钱收入。阿里巴巴的海外扩张始于2000年2月,止于2001年1月。在这一年时间里,阿里巴巴每月烧掉近100万美元。吴炯后来回忆时说道:"当时钱烧得够凶的。"

到2000年底互联网泡沫破裂时,阿里巴巴的账上只剩下700万美元了。按当时的烧钱速度只能坚持半年多。

在2000年1月之前,没有钱的阿里巴巴也吸引了一些国际化的一流人才,例如蔡崇庆和雷文超。那时吸引人才,靠的是马云的个人魅力,靠的是阿里巴巴概念的力量,当然也靠股权。2000年1月之后,有了钱的阿里巴巴,开始大规模招兵买马。这次吸引人才,以上3条都靠,但也靠高薪。

马云1997年夏天就认识了吴炯。1999年10月,马云就邀请吴炯加盟。到了2000年4月,马云打电话给吴炯:"我现在有钱了。拿到这笔钱,最想买的是技术。我能想到买技术的地方是硅谷,想在那开一个研发中心,第一个想到的就是你。"

不到一个月,马云把这个雅虎搜索器之王招至麾下,请吴炯出任了阿里巴巴的CTO。

到了2000年的年中,阿里巴巴已经组建了一支超豪华的团队阵容。阵容之强大盖过了当时国内所有的网站。那时阿里巴巴可谓战将云集,精英荟萃。不要说在香港地区以及美国办事处,就是在杭州总部,来自500强跨国公司和世界知名大公司的高管随处可见,世界级的网络高手随处可见,黄头发蓝眼睛的外籍员工更是随处可见。

可以说,2000年的阿里巴巴是中国国际化最彻底、国际化人才最集中的互联网公司。这些国际化人才给阿里巴巴带来了什么?这些国际化精英在阿里巴巴的命运如何?平心而论,这些国际化的精英对于阿里巴巴的贡献是不能忽视的。没有蔡崇庆,阿里巴巴财务的透明和国际化是不可思议的;没有2001年从GE(通用电气)引进的COO关明生,阿里巴巴管理的现代化和规范化是不可思议的;没有吴炯,阿里巴巴技术的国际领先水平也是不可思议的。

当然,大量国际化人才的涌入也给阿里巴巴带来了许多问题,如文化冲突、不熟悉本土市场、未能全部发挥作用。最重要的是,难以承受的人力成本压力,当时一个美国雇员的工资是杭州雇员的十几倍。可以说,阿里巴巴千辛万苦融来的2500万美元风险投资,大半用来给国际化人才发工资了。阿里巴巴每月近100万美元的消耗主要用于此。这是阿里巴巴的不能承受之重!它几乎置阿里巴巴于死地!

马云后来总结道:"钱太多了不一定是好事,人有钱才会犯错啊!阿里巴巴犯过许多错,最早一个是在创办时,因为全球化的概念,所以就认为公司要设在美国,于是跑到硅谷。结果找来的员工,愿景、思路、想法都不同,实在无法做事。不到一个月,发现这是个错误。即使有全球眼光,也必须取胜本土。换句话说,在中国也能创造一个世界级的顶尖公司。这一个月,我们是有损失,但得到的比损失的多,至少我们懂得了全球化。所以我们买的是犯错的经验,这是阿里巴巴的价值。"

马云和阿里巴巴为2000年的错误决策付出了惨重的代价。这个代价反映在金钱上就是2500万宝贵的风险投资烧掉了一多半。

2000 年底,持续了 3 年的互联网第一波浪潮突然从峰顶跌入峰谷,持续了 3 年的互联网泡沫终于破灭了。从 2000 年 4 月 3 日开始,美国的 Nasdaq 股票开始狂跌,到了年底,中国的网站开始纷纷倒闭。互联网的冬天来临了。2001 年初时,阿里巴巴的资金链已经接近断裂。盲目扩张、盲目招人、盲目国际化的结果必然导致被迫收缩,撤站裁员!

马云终于明白:"有多大的服务能力就做多大的事。"

为了活着,为了活得长一点,阿里巴巴的当务之急是开源节流。首先是节流,是控制成本。于是撤站裁员,全面收缩就是必然的选择。然而作出这样的决定不是件容易事。

"冬天的时候,我们犯了很大的错误。一有钱,我们跟任何人一样,我们得请高管,我们得请洋人,请世界 500 强的副总裁。我们请了一大堆人。可最关键的时刻又要作决定请他们离开。我们清掉了很多高管,这是最大的痛苦。就像一个波音747 的引擎装在拖拉机上面,结果拖拉机没飞起来,反而四分五裂。我们如果当时不做这样的手术,可能阿里巴巴就没了。"事后马云如是说。

可见,这是个极其痛苦的决定,也是一个生死攸关的决定。如果当时不能当机立断,阿里巴巴就会成为无数倒闭网站中的一个!

于是,在 2000 年 1 月召开的阿里巴巴的"遵义会议"上,马云和决策层作出了三个"B TO C"的战略决策:Back TO China(回到中国),Back TO Coast(回到沿海),Back TO Center(回到中心)。所谓"回到沿海"是指将业务重心放在沿海六省,"回到中心"是指回到杭州。正是这次会上,第一次确认杭州为阿里巴巴总部。

决定是困难的,执行更加困难。在这个关键时刻,来了关明生。关明生比马云大十几岁,有 16 年 GE 高层的宝贵管理经验。当马云、蔡崇庆、吴炯为大裁还是小裁而犹豫不决时,关明生果断地说:要杀就杀到骨头!当马、蔡、吴都下不去手时,关明生坚决地说：这个恶人我来做！

于是 2000 年 1 月底，刚刚上任阿里巴巴 COO 的关明生，挺身而出，一场空前惨烈的大封杀开始了。一场于危境之中拯救阿里巴巴的战役打响了！

关明生在一天之内，就把美国的团队从 40 人减到 3 人，他相继关闭掉了香港、北京、上海的办事处，以避免继续支付高昂的租金。关明生同时宣布，留下员工工资减半但期权加倍，由此也沉淀一批对阿里巴巴长期看好的员工。短短 3 个月后，阿里巴巴每个月的运营费用就从 200 万美元缩减到 50 万美元，按照这样的烧钱速度，阿里巴巴还可以存活 18 个月。这让阿里巴巴赢得喘息时间。

关明生亲口讲述：

我是 2000 年 1 月 6 日到杭州的，1 月 8 日就上班了。当时阿里巴巴剩下的钱只够烧半年的了。阿里巴巴的"遵义会议"决定实施 3 个"B TO C"战略。当时的阿里巴巴有 5 个战场：中国内地、中国香港和美国、欧洲、韩国，但这 5 颗子弹里只有一颗子弹能够制胜，只有一个地方能够活命，那就是内地，就是杭州。确定了撤站裁员的封杀战略，关键是怎么执行。我刚来没有包袱，人都不认识，是比较好的参与封杀的人选。

封杀从杭州开始。当时在杭州英文网站有一个三十来岁的比利时员工，工作很好，工资很高，年薪是 6 位数美元，这个工资对于杭州本土员工来说是个天文数字。当时杭州本土员工的月薪多数是一两千，好的三五千人民币。我去和他谈，说我们已经付不起你的工资了，你如果同意把薪水减一半，把股权升 3 倍（要是接受麻烦就大了），可以留下来。这个年轻人想了想，没有接受，于是我们就把他开了。他走时哭了。3 年以后，这个比利时年轻人突然打电话给我，说他在我的母校伦敦商学院读书，现在毕业了，他的毕业论文写的就是阿里巴巴。

1月29日，大年初一，我和蔡崇庆到美国封杀。出发前，太太帮我整理行李，问我要不要带防弹衣。她说加州解雇了一个金融员工，结果那个人拿着机关枪把老板和HR都打死了。你这样做会不会有危险？

当时阿里巴巴在美国硅谷有30个工程师，逻辑是要用最好的工程师去和微软、雅虎和eBay竞争，因此30个工程师的年薪没有一个低于6位数的。我和蔡崇庆几乎把美国整个办事处的人都解雇了，只剩下3个人：吴炯、Tony和一个前台，这个前台也变成Parttimer。

1月30日，大年初二，我和蔡崇庆又来到香港。阿里巴巴的香港办事处已经被蔡崇庆裁掉了一批，我们到了就和他们一个一个地谈话。他们都是非常好的员工，有名校的MBA，有的在投行工作过，有大公司的副总裁和高级顾问。他们抛弃稳定的工作来到阿里巴巴，都希望.COM公司上市能拿到股票。阿里巴巴在香港作推广成本很高。第二天我和大家见面一起吃团圆饭，一共摆了3桌——中国人过年都是团圆，而我却正相反。大家问我阿里巴巴现在怎么样？我说要有大改变，长痛不如短痛。结果我和蔡崇庆商量了一下，基本都解雇了。香港办事处有30人，裁得只剩下8人。有一个员工回上海和家人过春节，我用电话就把他解雇了。蔡崇庆也用电话解雇了一个工资很高的欧洲同事。

然后我和蔡崇庆又飞到韩国。阿里巴巴在韩国的网站是个合资公司，钱拿不回来。于是我宣布：钱再烧下去，几个月就光。因此，你们有人要裁，有人要减薪，每月只能烧12000美元。我们每月看你们的报表，钱烧光前3个月还没达到收支平衡，我和蔡崇庆把你们全部开掉。结果3个月到了，我和蔡飞过去，把剩下的十几个人全部裁掉。这些人都哭了。我们付了3个月的遣散费。

　　封杀完国外又回到国内,把昆明办事处关了,把很大的上海办事处调整到不到 10 人,把办公房间分租了出去。北京办事处也从中国大饭店搬到了泛利大厦。

　　蔡崇庆的讲述:"那时很艰难。吴炯对我们说,美国的情况不行,很多工程师要走,等我们去。我和关明生到了美国把他们都解决掉了,只剩下六七人。吴炯说,我也没有用了。我和马云坚决地说,我们很需要你,尤其在最艰难的时候。即便你一件事没做,你还是阿里巴巴的 CTO,是好朋友。吴炯说,在最艰难的时候,我一定要留下来,将来可以派用场。2001 年春节吃年夜饭,要把香港办事处的人开掉,我心里很沉重。因为我在香港办公,这些人都是天天见,现在要开掉,心里很痛苦。后来我一个人在上海度假,感觉相当不好。再后来我和关明生又到韩国。阿里巴巴本身没做好,韩国网站肯定搞不好,肯定要关掉。那批人一共有 8 个,很有激情,对阿里巴巴相当热爱,愿意留下来坚持,坚信阿里巴巴一定会成功。但这已不现实,还是关掉了,很多人都哭了。"

　　吴炯的讲述:"2001 年是公司最困难的一年。我们也知道情况不对,知道投资人的话不能相信:在 2000 万用完之前实现盈利。知道不对,但下不了那么大的决心,只想把不满意的人开掉。关明生说,要杀就杀到骨头。香港员工是蔡崇庆的朋友,美国员工是吴炯的朋友,你们拉不下面子,我来!并不是公司没钱,还剩 700 万,但等到没钱时就来不及了。结果香港裁得只剩七八个,美国只剩六七个,关明生立了很大功劳。要是我们自己做,下不了这个决心,因为不近人情。马云讲义气,没有关明生下不了这个手!"

　　马云的讲述:"2000 年,我们在美国硅谷、伦敦和我国香港地区发展很快,我自己觉得管理起来力不从心。硅谷同事觉得技术是最注重的,当时硅谷发展是互联网顶峰,硅谷说的一定是对的。美国跨国公司 500 强企业的副总裁坐在香港,他们认为应该向资本市场发展,当时我们在中国听着也不知道谁对。大家乱的时候我就突然想,公司大了如何管理?当人才多的时候怎么管理?第一届西湖论剑之后我们提出了阿里巴巴处于高度危机状态,我就问我们当时美国公司的副总裁:我们一年不到就成为跨国公司了,员工来自13个国家,我们该怎么管理?他说,马云你放心,有一天我们会好起来的。我心里不踏实,不能说有一天会好起来,我们现在就不动了。2000年底我第一次裁员。我们裁员是因为发现我们在策略上有错误。当时我们有个很幼稚的想法,觉得英文网站应该放到美国,美国人英文比中国人好。结果在美国建站后发现犯了大错误:美国硅谷都是技术人才,我们需要的贸易人才要从纽约、旧金山空降到硅谷上班,成本越来越高。这个策略是一个美国MBA提出来的,人很聪明,当时提出来时想想真是有道理。过了一个半月我们才发现这是个错误,怎么可能从全世界空降贸易人才到硅谷上班?然后赶快关闭办事处。这是阿里巴巴第一次裁员,也是唯一一次大裁员。我们说,如果想留在阿里巴巴工作,那就回到杭州来,同样的待遇;如果离开,我们分给多少现金、股票,这是公司决策的错误,与他们无关。从美国回来我们制定了统一的目标。"

以上四人都是大裁员、大封杀的参与者,只不过有人是直接参与,有人是间接参与。听了他们的亲口讲述,当年那场既惨烈又悲壮的大封杀已经历历在目。

不仅仅是封杀别人,马云、蔡崇庆等也把自己的工资减了一半,并且在公司中提出零预算:广告一分钱不花,出差只能住三星级宾馆。

事后马云说:"虽然人少了,但我们的成本控制住了。现在公司的成本处于一个稳定的阶段,几乎每个月都可以做到低于预算15%左右,控制成本其实没有什么秘诀,就是做到花每一分钱都很小心。我们公关部门,公关预算几乎为零,请别人吃饭是自己掏钱。我自己应该是网络公司里最寒酸的CEO了,出差住酒店只住三星级的。我们不是用钱去做事,而是用脑子去做事。"

　　大封杀的效果立竿见影。每月的成本立刻缩减,阿里巴巴赢得了宝贵的一年喘息时间!

　　但收缩和封杀也使阿里巴巴的决策层陷入郁闷之中。尤其是性情中人的马云,所受伤害最大。事情过去了很久,马云都不能释怀。

　　关明生说:"对公司动外科手术,只能由没有包袱的人去做。时间很短,一个月就过去了。有感情的人去做很困难。我让马云不跟这些人接触,完全避开,事后再以朋友的身份,让他们在他肩膀上哭一番,我做恶人。但马云老是耿耿于怀,感情化而不是理性化。这不是对不起人的事,公司要成长这是必然的,没有不散的宴席。"

　　马云同时对投资人开诚布公,他把公司发生的任何事情都以各种形式告知各位投资人,即便是最糟糕的情况下,马云也不隐瞒。当然,马云也把他们的每一个整改措施告知投资人,这让投资人得知,这个管理团队在想尽办法让这个公司继续前进。

　　曾在四轮投资中都持续追加的风险投资家汝林琪对此的感慨是:虽然董事会也不知道怎么拯救阿里巴巴,但遇到这个已经用尽一切力量的管理团队,没有选择,鼎力相助。

　　裁员和获得董事会的支持与帮助,只是阿里3年整改的开始两步而已,更重要的一步是必须开源。马云和关明生所领导的团队很快讨论出五六个业务方向,在产生足以维生的收入和现金流量的目标下,阿里巴巴聚焦在中国供应商这个产品上。这个产品是一个为客户寻找外贸合作伙伴的项目,之前多在线上进行,效果不佳,经过讨论,决定线上线下一起推动。事实上,这开启了成功的大门。

　　有了业务方向,下一步要培训和形成业务团队。关明生在2001年4月成立了一个管理人才培训计划,淘汰没有表现的,奖赏业绩最好的,金字塔最底端的10%

的职员遭到解雇,其余分为听话的兔子、能够表现的野狗和努力成就自我的公牛,只有又认同价值观又有战斗力的公牛能够留下来。

关明生为优异者设立百万元俱乐部,设立入会的门槛——必须达到100万人民币的业绩。达到这个目标的业务员可以得到奖品。由于经费吃紧,第一位达到目标的业务员得到的奖品是关明生写的一首诗。

从2001年到2003年,在阿里巴巴最为艰难也最为关键的3年内,除授权让关明生进行大刀阔斧的业务推进外,马云还推行过3种"毛泽东式"的管理运动:以"延安整风运动"来统一价值观、统一理想,马云说:"通过运动,把不跟我们有共同价值观、没有共同使命感的人,统统开除出我们公司。"以"抗日军政大学"来培训干部团队的管理能力,以"南泥湾开荒"培养销售人员面对客户应有的观念、方法和技巧。马云说:"普通企业想到的,可能是把能看到客户口袋内的5元钱赚到手,而'南泥湾开荒'追求的是帮助客户把5块钱变成50块钱,再从中拿出我们应得的5块钱。"

这其实也是中国电子商务最难熬的三年,中国日后成功的电子商务网站,要么是熬过这三年的电子商务网站,要么是2003年之后创办的,可见这三年对电子商务网站的残酷。如果没有2000年的这次大撤退和2001年起的内部整顿,很难想象,阿里巴巴能度过非典带来的冲击,从而更上层楼。

彭蕾说:"马云说,作为一个领导者,永远知道向团队说什么,不说什么。在低潮的时候,阿里巴巴不容易,人心散了,队伍不好带。马云心里煎熬,别人不知道,被动时没人能从他脸上看出来。他也会说但只限于少数人。在遭受质疑,收缩美国战线,撤掉外面公司时,裁员使他遭受很大压力。他说,他觉得是做了一些错误的决定,但不认为自己是人品不好的人。那时马云很沮丧,他总说是不是真的那么错误那么失败,要去削减人?马云是重感情的人,看着一起工作的人离开他受不了。他骨子里是喜欢热闹的人，恨不得大家工作在一起，工作完了还在一起。"

Porter 后来说："我只有一次看见马云对自己没信心。有人离开的时候，心里不舒服，很难过。有一次马云打电话给我：'Porter，你觉得我是个不好的人吗？'我说：'为什么说这个？'马云说：'这些人离开公司，心里很难过。这些人愿意留在公司，现在因为我的决策失误，这些人要离开，这不是我想做的事。'"Porter 记得，马云在电话中好像哭了。

在最危机最艰难的时候，马云也低沉："2000 年我们已经进入冬天了。我们把西部办事处关了，美国办事处很多人我们都请他们离开了，香港办事处很多人也离开了。2001 年，有一次挺低沉的，在长安街上走了 15 分钟，那天下午回到房间里睡了 2 小时，然后起来说：重新来过！"甚至有一次面对媒体不厌其烦地询问网络发展前景时，马云大声说："现在别问我网络的事，我也不知道它要往哪去？"

然而，即便是在互联网最寒冷的冬天，在阿里巴巴最危急的时刻，马云依然对互联网坚信不疑，对阿里巴巴的事业坚信不疑。可以说，他一天都没有动摇过！

案例 2 · 这次我真的有压力了

马云素以"狂妄"著称，2005 年收购雅虎，更把他本人和阿里巴巴都推上舆论的风口浪尖。此时，我们惊讶地发现，在万众目光的注视之下，IT 狂人马云也会因为压力而紧张到做起"噩梦"来。

收购雅虎，使阿里巴巴成了万众瞩目的焦点，大家都期待着雅虎中国的未来，以及这位业内的"狂人"在 2006 年再做出点什么惊世之举。马云说："2005 年我做了很多梦，梦里自己老是在爬山，而且爬上去后就没法下来了。我向来是个不太有压力的人，但一年内连做四五次这样的梦，这次我觉得我真的有压力了。"

雅虎在中国的接连失败,让杨致远放弃了单干或者收购的办法。他采取了最彻底的办法,完全把雅虎中国交给别人打理,他最终确定的人选是马云。据说杨致远开始最看好的是新浪公司,但是盛大公司恶意收购新浪的现实令他只好放弃新浪,另一个永远绕不开的问题:新浪是家媒体公司,政策上存在壁垒。

马云和杨致远相交已久。在雅虎刚进入中国的时候,马云就做了雅虎在中国的广告代理。按照马云的说法,那个时候,雅虎想进入中国,杨致远欲邀马云做雅虎中国的掌门,但被婉拒。几年之后,马云带领阿里巴巴在中国市场打败电子商务世界巨头 eBay,此时正在全球和 eBay 竞争的杨致远想到了他。

2005 年 4 月,杨致远回复马云 6 年前的一封邮件说:"阿里巴巴和淘宝做得很好,有机会想跟你谈谈互联网的走势。"3 个月后,在双方共同的投资人软银孙正义的撮合下,双方最终达成了共识。

另一个接近当事人的说法是:一个起风的春日,马云和杨致远相约到美国著名的圆石滩高尔夫球场,在沿海滩步行时,双方达成了意向。

2005 年 8 月 11 日,雅虎宣布计划用总计 6.4 亿美元现金、雅虎中国业务以及从软银购得的淘宝股份,交换阿里巴巴 40% 普通股(完全摊薄)。其中,雅虎首次支付现金 2.5 亿美元收购阿里巴巴 2.016 亿股普通股,另外 3.9 亿美元将在交易完成末期有条件支付。根据双方达成的协议,雅虎将斥资 3.6 亿美元从软银公司手中收购对方持有的淘宝股份,并把这部分股份转让给阿里巴巴管理层,从而使淘宝网成为阿里巴巴的全资子公司。在此次并入阿里巴巴的资产里,还包括了雅虎与新浪合资的"一拍"在线拍卖业务(www.1pai.com.cn)中雅虎的股权。而在周鸿祎时期,一拍网是和雅虎中国同级的。

雅虎向美国证监会(SEC)提交了一份包含 5 份附属协议的 8－K 文件。不难看出,雅虎 3.6 亿美元购淘宝股份、3.9 亿美元购买阿里巴巴现有部分股东股份,资金受益人并不是阿里巴巴,而是出让阿里巴巴股份的股东。收购的股份比例为 35%。从另一个层面上来说,雅虎所谓的"10 亿美元"并不是直接注入阿里巴巴,其中牵扯到软银的套现、阿里巴巴管理层和某些股东的套现,真正落入阿里巴巴手中的真金白银也就 2.5 亿美元。

8 月 18 日,阿里巴巴副总裁金杭建在声明中说,阿里巴巴未来的业务将集中于电子商务与搜索领域,阿里巴巴会把雅虎投入的 2.5 亿美元全部投入电子商务与搜索领域。这一说法无形中也验证了这笔交易最终落入阿里巴巴囊中的资金只有 2.5 亿美元。

其实,说白点,就是软银想把资金收回,所以找来了杨致远,因为 Yahoo 是美国上市公司,有足够的资金收购股份,而且是上市公司,毕竟可以给予 Yahoo 更多的利好消息,使得 Yahoo 在面对 Google 竞争中处于下风的态势得到些鼓舞,也使得 Yahoo 股东们有点希望。这样看来,如果阿里巴巴接下来能够发展成功,并且最终上市的话,软银、Yahoo、阿里巴巴都是成功的。

中国市场上 90% 的收购兼并是失败的,马云坦言自己不想成为其中的一员(注:从之后的事实来看,马云也没有逃离这一定律),但阿里巴巴和雅虎的整合难度相当大,大大超过马云想象的程度。

为了"示好"原雅虎中国的员工,马云把他们全部请到杭州,给大家立下军令状:不谈业务,只要"感情"。整个活动策划非常复杂,阿里巴巴为此开了专门的讨论会,甚至讨论雅虎中国员工从北京赶到杭州时,接待他们的早餐是包子还是面包。

2 个月后,马云宣布整合第一阶段结束。新阿里巴巴帝国里,旗下 4 个公司各扮演不同的角色。马云描绘说,老大是阿里巴巴。当初为了防止 eBay 进入老大的 B2B 领域来抢地盘,就搞了老二"淘宝";为了解决支付手段和市场诚信,就做了老三"支付宝";后来发现老大还需要一个得力帮手,就找了雅虎中国做搜索。

马云说:"雅虎就是搜索,搜索就是雅虎"。2005 年 11 月 9 日,雅虎摒弃了门户概念,把首页变成与 Google 很像的搜索栏。与此同时,马云对雅虎中国进行了大刀阔斧式的改革,停止无线、广告等盈利业务,甚至连仅创立 1 年即实现盈利的"一搜"也被强制叫停。此举从事后来看有些托大,当时网络广告和无线业务每月都分别有几百万元的收入,马云给雅虎中国带来不小损失。负责无线业务的团队则全部投入到奇虎。周鸿祎对此戏言,要感谢马云源源不断将优秀的人才向奇虎输送。

或许马云的做法已经超过了美国总部的容忍程度,2006 年 2 月,马云飞往美国硅谷。未经证实的消息称,当时杨致远对马云下达的第一条指示是,立刻把改掉的雅虎中国首页恢复过来,之后要求马云恢复被砍掉的盈利部门。事实是,2006 年 3 月 31 日,雅虎中国再次以门户页面出现在中国广大网民面前。不久,马云把冰封的 3721 网络实名也重新开放,不再意气用事。

即使如此,马云并没有把雅虎中国门户的人气做起来。2006 年 8 月 15 日,雅虎中国在和奇虎的口水仗期间又宣布改版,媒体戏称这个页面几乎创造了国内网站首页大调整的纪录。从庞杂的门户到简捷的搜索数次变身,此次又提出"搜索"加"编辑"的复杂概念;同时,雅虎还发布了一个几乎跟百度一模一样的搜索页面。

2006 年 9 月 9 日,当着杨致远的面,马云坦陈他对雅虎中国发展方向的迷茫。"如果说自己已经完全想清楚,那是在说谎。"不过他表示,他认为雅虎必须要有创新,不是传统的门户,也不是纯粹的搜索,至于具体是什么,还要看发展。按照马云为雅虎中国制订的 3 年整合目标,第 1 年是"求存",第 2 年健康运营,第 3 年则发展强劲。"去年(2005 年)是最艰难的一年……我们计划用 3 年时间让雅虎中国重返第一梯队。"

2008 年 6 月 4 日,在雅虎中国重返第一梯队无望后,马云宣布,将雅虎中国与其和夫人张瑛投资阿里巴巴老员工李治国所创办的分类信息网口碑网进行合并，雅虎中国彻底告别门户之争。马云"用3年时间重返第一梯队"的狂言也成为一句笑谈。

看上去，马云在雅虎中国可以轻易拷贝淘宝的成功。2005年10月，雅虎中国和阿里巴巴的合并案从性质上接近淘宝的个案，即给予马云足够多的管理权限，而且都有孙正义在后面做资本推手。马云也轻车熟路地用了诸多在淘宝上的招数来推动雅虎中国，希望提升雅虎中国在中国搜索引擎市场上的份额。

比如，马云赞助了中央电视台二套经济频道主办的"赢在中国"节目，这是一档针对创业者的选秀节目，马云成为首季的三个评委之一，也是最出彩的那个。不同的是，这一次，马云虽然继续有名，但大家并没有由此而上其大力推动的雅虎中国，大家记住的是阿里巴巴的马云。归根到底，马云的气质和雅虎中国并不一致。更何况，大家还没有搞清楚雅巴(雅虎和阿里巴巴，简称雅巴)之间到底是谁合并谁。

在雅虎中国，马云的娱乐营销的招数用到极致，他用造星运动的方式来推雅虎中国的搜索引擎。雅虎中国先是以8000万元人民币的价格夺取了CCTV新闻联播后5秒广告的播放权，没过多久又斥资3000万元人民币邀请冯小刚、陈凯歌、张纪中三位当红导演为其拍摄广告片，之后又在全国范围内为广告片寻找主角"雅虎搜星"。但这种做法并没有换来雅虎中国的用户提升。

说到底，搜索的业态和拍卖不一样，用星搜索这样的方式来推没有多大的效果；搜索的用户更多的是普通网民，即便为马云式的创业故事所感染，也不会和网商一样蜂拥到淘宝上，网民用搜索更多的是一种日常应用，而不是商业应用，当然也不是娱乐应用。

更致命的问题在于，雅虎中国不同于淘宝，其同样受到雅虎全球的管理和制约,并不能由马云为所欲为。按照马云的如意算盘,马云希望雅虎中国能成为一个纯搜索的公司,这样的话,将提升整个阿里系在产业链条上整体布局。但事实上,雅虎虽然一直在搜索引擎上有投入和积累,但其商业模式一直是媒体定位,并不是一个纯搜索引擎公司。甚至可以这么说,如果雅虎没有那么重的媒体情结,聚焦搜索引擎并建立壁垒的话,那么,也许就没有 Google 什么事情了。

这也足以理解,为什么马云把雅虎中国的首页改成了类似百度一样的首页,这正是马云想要的。但也可以理解,为什么很快又改回来,因为这是雅虎全球所不愿意面对的。如此反复,来回摇摆,雅虎中国继续混沌和震荡。

马云的对手除了雅虎总部外,还有一个是前雅虎中国区总裁周鸿祎。关于马云和周鸿祎之间的故事,其实可以追溯到 2002 年的西湖论剑,马云邀请当时率先盈利的周鸿祎参加他的第三次西湖论剑活动,也就是在这次聚会上的某个私下场合,马云向周鸿祎提出收购 3721 的建议,出价 7000 万美元。这个时候的马云和周鸿祎,还是谈笑风生,相敬如宾。

也许是马云出价太低,也许是周鸿祎本身想独立发展,周鸿祎没有选择马云,由此两人错过。不过,这并不影响两个人的友情,在周鸿祎最喜欢带友聚会的大觉寺下,周鸿祎甚至曾经请马云就着白兰花香喝上一杯清茶。

不过,或许周鸿祎在雅虎中国的种种不愉快,特别是其并没有拿到剩下的 3000 万美元(注:按照最开始的并购约定,雅虎中国要付给 3721 的股东 1.2 亿美元,但最后只付了 9000 万美元,剩下 3000 万美元周鸿祎被迫放弃,之所以说被迫,因为 3000 万美元是笔不小的数字,但凡可能,周鸿祎应该都会要的),或者说,周鸿祎看到最后的尾款无法从雅虎中国拿到,从不吃亏的周鸿祎开始有了小九九,他开始筹划着他的下一步,并由此造成了部分人员的流失,这无疑是接手者马云不愿意看到和直接面对的。

而在阿里巴巴与雅虎中国的合并大会上,不请自到的周鸿祎在会上主动发言,虽然帮周鸿祎挣了不少肯为下属出头的印象分,也让马云有了些许的难堪和不快,这符合江湖道义,但不太符合商业准则,也没有给足马云面子。

马云上台后对于周鸿祎任上的一些做法表示出缺乏理智的全盘否定,多少也不让人理解,特别是对一些盈利部门的放弃,诸如无线,诸如一搜,这让这些人不可避免地倒向了周鸿祎,同时也让雅虎的决策层大为光火,毕竟,谁也不应该与盈利过不去。马云式的整风运动可以在阿里巴巴大行其道,这与马云在这个团队里多年形成的权威有关,但在雅虎中国,马云只是个外来者,即便是老板,也只是老板之一,这种看似微小但其实巨大的身份差别让马云不小心栽了个大跟头。

《环球企业家》杂志记者张亮的评价颇为中肯:虽然同为中国网络业最早的创业者,且均在业内富有争议,但周鸿祎系工程师出身,从 3721 时代起即积累着搜索引擎领域的 know how,马云则是个更纯粹的商人,对搜索领域的理解显然颇有不如。马云接手雅虎后,迅速将一搜业务叫停,而 3721 业务也经历着工程师流失、品牌变化等阵痛。这让雅虎中国在搜索领域的市场份额持续衰减。

而最具破坏力的,还是周鸿祎本人在 2006 年 6 月推出的"360 安全卫士"。无论事后如何解释,这款以杀除"流氓插件"而一举成名的产品,毫不掩饰周对前雇主的复杂情感,它首当其冲将 3721 的插件送上了断头台。对于,已经风雨飘零的雅虎中国来说,这无疑是悬崖边的最后一推,万劫不复。

在阿里巴巴一手操办的首届网商节上,马云终于有了一个独辩的机会。在谈及收编雅虎中国时,马云打了个比方说,雅虎中国就像是一个重病的病人,需要推上手术台做大手术,而他是主治医生。但是,问题是雅虎中国真的是一个重病患者吗?如果是,它的病灶在哪里?主治医生马云的针石施治到位吗?

首先,雅虎中国在转手马云时,很难讲它是一个重病患者。当时雅虎中国旗下涵盖网络实名、无线和广告等互联网公认赚钱的业务。根据媒体的报道,仅网络实名一项业务,就可确保雅虎中国每年稳赚 1~2 亿;同时马云也承认,当时的无线业务每月稳进 800 万元,这样算下来,来自无线业务的收入每年可达 9600 万。此外,由于原雅虎中国一直走门户路线,其广告收入也应该有相当积累。综合算下来,雅虎中国即使不进行手术,找个管家保持现状,每年保守收入也在 3~4 亿。因此,从一个商业公司赢利能力判断标准来看,雅虎中国不仅不是病人,而且还是一个处于青春期的"壮小伙"。但处于上升期的雅虎中国被马云直斥为"重病的病人",马云在给雅虎中国诊脉中似乎没有实事求是。

其次,如果说雅虎中国没有一点缺陷也不公道和公正。雅虎作为全球最伟大的互联网品牌,其原子公司雅虎中国在中国一直徘徊在二流门户上。因此,如果非要给雅虎中国扣上一顶"病汉"帽的话,那只能说雅虎在中国的品牌美誉度与知名度被严重打折。究其原因,这和国家政策以及早期雅虎中国的保守有密切关系。但是,按照马云接手时的雅虎中国现状,只要方针不变,继续前行,加上马云擅长的炒作推广,假以时日雅虎中国的品牌提升空间依旧是很大的。

其三,号称主治医生的马云对雅虎中国的针石施治到位了吗? 看看这一年马云所操作的外科手术就知道了。三番两次整容雅虎中国。在马云接手雅虎中国后,看到百度的搜索概念在纳市创造的奇迹,便大刀阔斧地改革雅虎中国,砍掉、压缩门户内容,并对外宣称"雅虎是搜索,搜索是雅虎",全力拓展搜索业务。结果是,搜索成长有限但总体流量大幅下跌。在各种压力下,马云被迫再对雅虎中国进行二次整容回归门户本色。这样折腾的结果是,搜索没起来,原来的门户赢利能力下降。

我们也看到,当记者问马云以后的打算,马云说没有想好,结合马云之前对雅虎的反复调整,马云所做的减肥似乎只是把雅虎中国能赚钱的业务一个一个砍掉,但如何使雅虎中国再次丰满起来,精明的商人马云似乎给不出良策。

如今雅虎中国在抛弃了无线业务后,又将抛弃网络实名业务,在搜索竞价成长有限的前提下,它似乎要成为阿里巴巴旗下又一个亏损的孩子。如果马云为了划清与周鸿祎的界限,而不管不顾雅虎中国是否还有赢利能力的话,那雅虎似乎成了马云和周鸿祎在中国赌气的棋子。

其实话说回来,马云在接手雅虎中国之初,刻意打造的"搜索"概念却未尝不是一块敲开资本市场大门的敲门砖。至少用搜索整合阿里巴巴旗下业务的思路和"雅虎就是搜索"的概念可以把阿里巴巴的全部业务整合包装成又一个"中国Google"。百度在纳斯达克上市之后狂飙的股价不就是拜"中国Google"的概念所赐吗?

既然说到马云对于雅虎中国并不算成功的整合,就不得不考虑一下另一个问题:马云对于阿里巴巴的实际控制力到底有多大?事实上,在雅巴并购事件曝光及雅虎和eBay宣布合作之后,马云对阿里巴巴的实际控制力就一直备受质疑。

早在阿里巴巴创办初期,马云就曾经说过,"从公司成立那一天起,我就定下一个原则,谁如果希望用资本控制公司,我坚决不答应。"而面对外界对其实际控制力的质疑,马云也一再强调,"从来都是资本围绕着优秀的企业家转的,不是企业家围着资本转"。从雅虎和阿里巴巴合作后披露的文件中不难发现,虽然对马云限制比较多,但同样也赋予了马云在阿里巴巴非常强势的地位——很多条件的限制,使几年内没有任何一方可以成为持股超过50%的单一股东,且马云只有一股的时候,在阿里巴巴董事会也仍有一席位。

但是,也有评论指出,阿里巴巴现在的股权格局恰似足球中的攻击阵形:雅虎40%,软银和马云各30%。而攻击的方向对马云明显不利,可以让马云依靠的除了条款之外,就只有所谓的"交情"了。但是,马云口中一直念念不忘的"交情"在商场上到底价值几许呢？在雅虎中国不断变脸之后，《环球企业家》的一篇文章中这样写道，马云与杨致远的蜜月期结束了——在商场上，所谓的"交情"终究要让位于现实的经济利益的……

案例3·比马云更彻底的自我颠覆

2007年，巨人史玉柱在纽交所上市，然后，阿里巴巴马云又在联交所成功上市。这么短的时间，这么多偶像级的公司上市无疑带给了互联网无限的信心与激情。谈到史玉柱与马云，他们颇有相似之处，将两个互联网英雄进行对比是一件很有趣的事，因为他们都很有魅力，都率领一个庞大的上市互联网企业，都曾是《赢在中国》最受欢迎的评委，一个独善其身，一个兼济天下；一个专注产品，一个架构平台……这是他们的不同，而同样注重市场，注重用户，注重销售，这是他们的共同特点。

而史玉柱的成功更是个人力量的体现，从一个负3亿元的失败再到一次近500亿元的成功。所谓事在人为，机会对每个人都是均等的，网络游戏行业里这么多的高手大佬，却让艺高人胆大的史同学后发制人，这不能不说是巨人的奇迹。

1997年，因为珠海巨人大厦的贪大，史玉柱欠债上亿，成为名副其实的"中国首负"。但短短10年时间，史玉柱不仅清偿了债务，还迅速把财富聚集到数百亿，虽然对其营销手法多有诟病，但对于史玉柱的品质，业界还是相当认同的，称其为"中国最著名的失败者"。我们谈论颠覆自我这个话题的时候，不能不谈史玉柱。

1992年迁至珠海后，史玉柱的个人梦想是成为"中国的比尔·盖茨"，将巨人公司打造成"中国的IBM"。至1995年，史玉柱在全国范围内以雷霆之势发动"三大战役"（药品、保健品、电脑），激情澎湃地宣称"三大战役"完成之后，巨人将跨越100亿元关口，成为中国最大的企业。在彼时的史玉柱眼里，市场就是赌场，他要赌一把大的。

史玉柱一直认为自己运气好,但凡濒临绝境总会如有神助,化险为夷。但不幸的是,他败了,而且很惨。信奉"数字就是规模、速度就是效益"的他,头脑发热之下,以令人惊诧的"速度"将巨人大厦由 18 层一步步推高至 70 层,正是这种"冲动的惩罚"彻底埋葬了他当时的梦想。

在史玉柱的"字典"里,"赌徒"是个褒义词。他曾经直言不讳地对记者说:"我就是赌徒,这无所谓。什么叫赌?无法预知结果,只能凭借自我感觉做的事情都属于赌博。只要投资,你很难预期未来,所有的经营企业者都存在赌博的成分,除非你把钱存银行吃利息,那就不用赌了。"

当年那种疯狂造势的英雄主义气概伴生了心浮气躁的盲动,直接将巨人以及史玉柱推入"浮夸、务虚"的苍凉境地。华南理工大学教授陈春花分析过史玉柱的成与败:"巨人的成功,直接得益于史玉柱的市场触觉,他对产品立项、市场推广感觉极好。但是,营销的本质是通过组织形态对经销商实行有效管理,这最根本的一点被史玉柱忽略掉了。"

1997 年,巨人危机总爆发,史玉柱逃离珠海。史玉柱说:1997 年的时候,巨人大厦未按期完工,债主们纷纷上门,资金流完全是瘫痪,媒体又是"地毯式"报道我们的财务危机,那时候就是穷,债主逼债,官司缠身,账号全被查封了。穷到什么地步?刚给高管配的手机全都收回变卖,整个公司里只有我一人有手机用,大家很长时间都没有领过一分钱工资。

痛定思痛、检讨自我,史玉柱习惯用一个"搞"字来形容当年新闻媒体对巨人的"打杀"。"1997 年,是媒体把巨人搞休克,搞死了。""我究竟错在哪里?我想找到答案。我怕自己想不彻底,就把报纸上骂我的文章一篇篇接着读,越骂得狠越要读,看看别人对我失败的'诊断',各种说法都看。我还专门组织了'内部批斗会',让身边的人一起讨论,把意见和想法都提出来,看看问题究竟出在哪里?"

巨人的勃兴和衰落都是疯狂的,因为没有股东或者是其他出资人能够监督、约束顽固不化的史玉柱。公司独资、资产独享、风险自担,早年间的史玉柱似与资本绝缘。史玉柱的资本意识是从借壳"青岛国货"开始的,他逐渐懂得利用资本的力量去放大资产,其后,他还辗转购买了华夏银行、民生银行的股份,股市狂飙之时,史玉柱凭借手中的"银行股"大赚其财。再后来,史玉柱以股份制方式建立了巨人网络公司,"我最终想做成上市公司,这样的话公司更透明,监督更多、监管更严,一个人没有制约,容易犯错误。"这算是史玉柱的检讨与彻悟。

早年间,史玉柱奖励销售人员的办法直接而现实,就是当众发钞票,论功行赏、奖惩分明。遗憾的是,史玉柱终究没有解决员工的归属感问题。1999年转战上海之后,史玉柱的人生观、价值观发生了重大改变,他才逐渐意识到团队的意志与利益才是事业可持续的根本保障。

史玉柱的缺点正是马云的优点,比如团队的建构、资本的意识、国际化的企图。阿里巴巴的组织体制雏形是合伙人股份制,50万元的启动资金由18位创业元老拼凑而来,每个人的股份占比情况依据出资额设定。共同出资、抱团打拼、风险共担、利益同享,这是马云创业团队的鲜明特征。

直到今天为止,马云还是成功的,但是将来呢?谁知道是不是也会出现危机,执行力越强,如果犯了错误,毫无疑问,这个错误的危害就越大。那么,将来马云会不会犯错误?阿里有没有自我纠正的能力,避免那个看起来还没出现的不可收拾的危机?

自我颠覆其实是一种反馈,就是一个自我纠正系统,是自我决策系统的检察院和大法院。史玉柱的经历可称前无古人,后无来者,而史玉柱对自己的颠覆也是史无前例的,这也是史玉柱能二次成功的关键。幸运的是,马云一直比较成功,也没有像史玉柱那样惨痛的经历；可贵的是，他一直怀有一种警惕，时时兼听多方面的意见，时时准备纠正自己的系统。可是，我又有个问题，马云如果失败了，能够重新来过吗？这个问题，可能无人能够解答。

本章启示

学会看见自己的错

盛极则亏，物极必反。上坡路走完了，自然就是下坡路，这是常识。

正是具备常识和独立思考的精神，马云能够看到别人看不到的一些东西，他看到了小商人在互联网时代的需求，他发现并创造了一个全新的市场。究其本质来说，阿里巴巴、淘宝以及支付宝，全部是围绕着商人和生意展开的。事实上，我也有做过跟"中国供应商"类似的产品，也曾在百度为中小企业提供竞价排名的网络营销服务，非常理解中小企业的想法，马云的观察很对，他们想省钱，但更想赚钱。

马云也有失败，而且还不少，一开始卖中国黄页也很艰难，做阿里巴巴也是做了很久才摸索出一条赢利之路，淘宝的招财进宝计划就受到了广泛的批评，甚至是来自于用户和客户的反对，并最后停止；而并购雅虎中国不但没有让雅虎中国重进前三，反而带来了不确定的控制权隐忧，这说明了任何人都不是百战百胜，任何人也都有自己的局限，周鸿祎给马云的提醒也是有一定道理的。

马云今天已经被神化了，但我们或许应该给些包容，毕竟我们需要像马云这样的草根创业英雄，因为今天我们看到大多是关系和垄断的生意和暴发户，而从某种意义上来说，马云的神话是媒体合谋的。不过，马云神话需要一个又一个的胜利去支撑,当没有胜利支撑的时候,甚至出现巨大失误的时候,媒体也可能会让马云摔得很痛。这一点,我想史玉柱很清楚,反省得也很彻底。

阿里的成功其实是因为简单,简单到让马云这样不懂互联网的小商人都会用,就像 265 这样简单的分类网站一样,只不过阿里巴巴做的是商业分类,然后加了一个 BBS,即便是 265 也有自己的赢利模式,任何模式做到极致便是成功,其实中文搜索 3721 如果不是被卖给了雅虎中国,是不是也可能有马云式的更好的结局呢?而现在的淘宝能不能更简单一点呢?比如说让农民都会用,比如说甚至可以卖菜。比如说,以后是不是每个菜场除了一个公平秤,还有一台统一接单的电脑处理当天的网上订单?

马云早年专注于阿里客户的互联网体验,他才能做出"一定要做成一个简单的 BBS"的决策,这说明指挥官一定要亲临前线。里斯特·劳特的《营销革命》第一章就告诉我们,高明有效的战略往往来自于战术,来自于战场的细节。同时,也说明了互联网产品体验的重要,而另外一个同样以产品体验著称的甚至被称为是头号产品经理的马化腾,也由此创建了一个更加庞大的企鹅帝国。正如马云所说,B2B 跟 C2C 都是人为的划分,其实界线并没有那么清晰,于是这两家 B2B 跟 C2C 的混合企业早早就交上了手,甚至互挖墙脚,战火一度让这两位身家百亿的互联网领袖大动肝火。

今天,马云在忙着四海云游的时候,大放卫星的时候,学人玩禁言的时候,被李一给忽悠的时候,继续喊出一些空洞概念如"网货"的时候,是否意味着马云下坡路的开始呢?其实,网货本身没有错,但生意不是这么做。就像很多创业的人都会想,全中国 13 亿人,如果 1 人买一根冰棍,那得多少钱,做冰棍都会发达,生意不可能是这么大而化之的。马云说过,被别人说服是犯错的开始。那么,现在马云开始颠覆自己了吗?

马云的成功、马云的常识和独立思考,让他能看到一些别人看不到的东西,但是今天的马云,被鲜花和赞誉包围着的马云,能保持清醒吗?也正如金庸的小说所写,黑木崖上的任我行,其实已经变了,不再是原来那个草莽英雄任我行,而成了被表象所异化的"神"了。一个人要保持自我是很不容易的,尤其是处在事业的巅峰状态的时候。

真正自我颠覆最彻底的,我认为是史玉柱。全世界只有两个人,失败后又站起来,一个是乔布斯,一个是史玉柱。乔布斯是在跟生命赛跑,加上天赋和西方文化的张扬,他的故事也是一个传奇;史玉术是另外一个英雄,他失败了,而后居然偿还了全部巨额债务,重新站起来。在他失败后的那几年,他的自我颠覆是最彻底的。他彻底吸取了教训,彻底颠覆了自我。今天的史玉柱,你看不到一点务虚的地方,你看到的永远是一个实实在在的商人。

马云虽然也时时保持着警惕,虽然马云确实承认自己也犯了很多错误,但在我看来,马云的自我颠覆远不如史玉柱彻底,其实存在隐忧。

一个基本的常识是:要想成功,就要花时间专注于你的领域,聚焦于你的客户。那么,在淘宝的"招财进宝"失败后,马云是否有过彻底的思考,为什么自己的客户反对自己了呢?在如此坚信"客户第一"的马云心里,是否真正去花时间反思这个很严重的问题呢?甚至在淘宝新规定之后,仍然有来自于用户的反对之声,马云是不是像从前那样跟客户经常沟通,并保持对一线的敏锐判断呢?是否开始远离客户了呢?这可是一个危险的信号。

当然淘宝也好,阿里也好,看上去都已经步入了正轨,继续生存是没有问题的,但今天的淘宝是不是任谁来办都是一样了呢?不再是马云式的淘宝,也不像阿里巴巴坚守过冬那样扎实?我也接触了一些阿里集团和淘宝的员工,说实话,我看不到传说中的创业精神,倒是有某种程度的骄傲,骄傲当然不是什么坏事，但马云所鼓吹的文化，在大量的员工稀释之后，还能不能继续保持，这些都值得马云思考。

其实，一种东西能否保持，就像阿里巴巴一样，就看是不是够简单，是不是大家都能认同和理解。而值得传承的精神理念，首先都要是正常的、简单的、易执行的、人性化的、自然的。如果需要花大力气去强化、去训练的，那么再强大的教化力量都会被简单的事实颠覆吧？正如马云当年认为我们是最富有、最强大的国家一样，一次简单的海外之行就打破了一切。曾国藩有句话：合天下人之私，成一人之公。我觉得，这样未尝不是另外一种解决方案。曾的高明在于，首先承认了人是有私的，然后去顺应和应用。要求大家具备同样的道德水平，这种事情看来不是光靠教育，尤其是一个企业的教育来完成的，这与整个社会的经济水平是有关系的。

阿里巴巴的成功，是马云的根本，这是他多年努力，从中国黄页开始，到外经贸到西湖创业的成果。而淘宝的成功，除了马云更了解中国市场外，更多的是孙正义的资本力量，甚至是 eBay 自己帮了淘宝的忙。但是马云伟大的梦想真的能实现吗？马云真的能改天换地吗？我们希望，但不是奢望。

我们看到乔布斯专注于产品和创新，他成功了；史玉柱专注于产品研发，他也成功了；马化腾专注于产品改良，他也成功了。我们发现，今天大部分的成功，都是基于对产品的创新，对用户的行为习惯的理解，而很少是从一个大的概念出来。玩大概念似乎是国企，尤其是政府的专利，玩过大概念之后，上几个形象工程，然后不了了之。希望马云不要把政府的这种毛病带到企业。

真正的战略从来都是从战术开始的，阿里巴巴的成功也是从小商人的 BBS 开始的。但是成功的惯性，让马云可能会离战术层面越来越远。如果他很有钱的话，也可以玩风险投资的博傻游戏，毕竟是按概率说话的，五个指头，博中一个就可以。可惜马云数学学得很差。风险投资也不是那么好玩的,首先要有钱,要很有钱,像孙正义这么有钱,这么天才的人,他这么大的软银,尚且有大量的投资打了水漂,何况是马云？如果马云真的如他所说,他去想团队该做什么,而团队去想怎么做的话,我想,马云离颠覆自己真的不远了。

另外一个观察是,马云凭的是天赋商人的精明、独立思考以及跟人打交道的实践中学习,但从马云的经历和平时作风来看,其实马云不爱看书。记得一次央视采访的时候,谈到蓝海战略,马云说没看过。马云还说:"很多时候创业者因为自己搞不清楚而不去创业,实际上等你搞清楚以后就更不会去创业了。书读的不多没有关系,就怕不在社会上读书。""学者型的创业者往往面对同一个问题,他总是从宏观推向微观,根据这个国家甚至国际经济走势一定能预测出来一些创业方向,这个东西特别的学术化,往往我听得很激动但我不知道怎么干,实际上有的时候大势好未必你好,大势不好未必你不好。"读书不多也可以创业,这是马云的观点。这个观点的确没什么大错,但是透露出马云不爱读书。

但是,一个带领百亿集团的商业领袖,不看书,不清静,全凭个人的智慧,跟人聊天,能够形成系统的商业体系和理论大厦吗？从阿里巴巴到淘宝,从淘宝到雅虎中国,马云一路狂奔下来,不知不觉中已经陷入了一个战略陷阱,那就是每个业务之间如何协同、如何共生、如何发展、资源如何分配等方面的问题。这些,已经不是靠拍脑袋的智慧可以解决的了。现在马云做的一些"折腾",或者说花架子,吸引媒体还可以,要说真的用来指导企业的发展,我看悬。在马云系互联网帝国的发展中,我们可以清楚看到,每一次拓展,实际上都是不计成本式的、大鸣大放式的方式,在这种情况下,根本没有考虑到不同业务如何协同、如何减少成本等问题。其实,就是阿里本身的成功,也离不开像 GE 的关明生,还有蔡崇智等人的智慧。马云的第一次扩张失败，就是关明生来收场的，从每个月 100 万美元的烧钱速度降到每个月 50 万美元，大批地裁员。马云甩手掌柜当惯了，只有阿里巴巴的时候可以，大集团的时候呢？我看，还是要学习，还是要看书。

最致命的问题是，阿里的成功，相当大的一个原因是在冬天开始的，从一个冷门开始的，所以，没有对手，没有强大的对手，加上资本的力量，于是阿里占据了先机，就做大了。但是世易时移，现在竞争对手们出现了，观察阿里的财报我们发现（引据：http://www.sina.com.cn 2008 年 11 月 11 日 新浪科技）：

截至 2008 年 9 月 30 日，阿里巴巴的国际交易市场拥有 30,836 名"Gold Supplier"会员，比上季度增加 1,070 名……国际诚信通会员达到 15,016 名，较上季度增加 1,104 名。

截至 2008 年第四季度末，阿里巴巴的中国交易市场拥有 352,499 名"中国诚信通"付费会员，较 2007 年第三季度增加 115,256 名，较上季度增加 28,171 名。

阿里巴巴之前所倚重的电子商务出口市场——外贸业务，也就是上面提到的"Gold Supplier（金牌供应商）"和"国际诚信通"是阿里巴巴最主要的收入来源。在整个第三季度里，阿里巴巴的外贸业务——无论是"Gold Supplier"，还是"国际诚信通"，其会员增长数都仅仅为千名左右，仅仅是总会员数的 3％和 6％！这样的用户增长率，已经标志着阿里巴巴赖以生存的 B2B 外贸业务，高速增长并不乐观。

有竞争对手出现，就会分食市场份额，同样的产品就会出现降价竞争，新的情况已经出现了。在这样的增长率下面，大谈网货 2.0，大谈颠覆沃尔玛，似乎很有些不着调。

如果我们真正来较真的话，关于马云的错误，其实也可以写一本《马云的一千零一个错误》，马云说写他的书基本上都没有看过，不过关于马云的错误，马云真的可以认真看一下。当然，如果出版商愿意的话，我是很愿意花点时间做下这个工夫的，而且，这更有意义。不过，凑巧的是，马云刚好也想写这本书，他说，等他淡出"江湖"之际出一本书，叫《阿里巴巴和一千零一个错误》，"以儆效尤"。

1. 认清自我，把握核心优势

在我看来，马云最为可贵的，是他出身于草根，除了英语之外，一无所长，所以他有一种空碗精神，能合作和兼听，能从实际出发，尊重常识和客观规律。这些在他创业时期，表现得非常突出。虽然常常坚持己见，但往往可以兼听多种意见，看到硬币的另一面，在矛盾的对立统一中，找到自己坚持的依据。当然，可贵的是，他能够颠覆自我。

正是具备常识和独立思考的精神，马云能够看到别人看不到的一些东西，他看到了小商人在互联网时代的需求，他发现并创造了一个全新的市场。究其本质来说，阿里巴巴、淘宝以及支付宝，全部是围绕着商人和生意展开的。马云的观察很对，他们想省钱，但更想赚钱。

阿里的成功其实是因为简单，简单到让马云这样不懂互联网的小商人都会用。马云早年专注于阿里客户的互联网体验，他才能做出"一定要做成一个简单的BBS"的决策，这说明指挥官一定要亲临前线。

要想成功，就要花时间专注于你的领域，聚焦于你的客户。阿里巴巴的成功，是马云的根本，这是他多年努力，从中国黄页开始，到外经贸到西湖创业的成果。

2. 保持清醒，从失败中学习

人最大的敌人其实是自己。金庸的小说中，常常有这样的故事，那些武功高手,往往最难堪破的,就是自己的心魔,有的是好胜心,有的是情关,有的是仇恨,而这些心魔是最终导致他走火入魔,或者失败的关键。战胜不了自己,最终也战胜不了任何人。

颠覆自我,首先要认错。马云大方地承认自己错过,也曾多次谈过关于失败的话题。他说:"互联网上失败一定是自己造成的,要不就是脑子发热,要不就是脑子不热,太冷了。"他还说:"我觉得网络公司一定会犯错误,而且必须犯错误,网络公司最大的错误就是停在原地不动,最大的错误就是不犯错误。关键在于我们反思各种各样的错误,为明天跑的更好,错误还得犯,关键是不要犯同样的错误。"而且,每个想要成功的人,都要从前人的智慧中吸取经验,不管多么忙,一定需要看书,一定需要学习。

史玉柱说:"我究竟错在哪里?我想找到答案。我怕自己想不彻底,就把报纸上骂我的文章一篇篇接着读,越骂得狠越要读,看看别人对我失败的'诊断',各种说法都看。我还专门组织了'内部批斗会',让身边的人一起讨论,把意见和想法都提出来,看看问题究竟出在哪里?"

真正自我颠覆最彻底的,我认为是史玉柱。他失败了,而后居然偿还了全部巨额债务,重新站起来。在他失败后的那几年,他的自我颠覆是最彻底的。他彻底吸取了教训,彻底颠覆了自我。

3. 不要做超过自己能力的事

马云说:"互联网上失败一定是自己造成的,要不就是脑子发热,要不就是脑子不热,太冷了。"刚刚拿到2500万美元投资的马云是不是有点头脑发热?

当年,阿里巴巴把摊子铺到了美国硅谷、韩国,并在伦敦、香港快速拓展业务。"一个国家一个国家地杀过去、然后再杀到南美、再杀到非洲,9月份再把旗插到纽约，插到华尔街上去：嘿！我们来了!"这是当年马云的豪言壮语。

马云后来总结道："钱太多了不一定是好事，人有钱才会犯错啊！阿里巴巴犯过许多错，最早一个是在创办时，因为全球化的概念，所以就认为公司要设在美国，于是跑到硅谷。结果找来的员工，愿景、思路、想法都不同，实在无法做事。不到一个月，发现这是个错误。"

2001年初时，阿里巴巴的资金链已经接近断裂。盲目扩张，盲目招人，盲目国际化的结果必然导致被迫收缩，撤站裁员！马云终于明白："有多大的服务能力就做多大的事。"

后　记

一沙一世界，一花一天堂

在今天的中国，马云是一个非常特别的样本。

从一个"阿甘"般的傻少年到一个"妙语连珠"的创业导师，从大洋彼岸意外"触网"到电子商务"教父"，他用 18 罗汉凑起来 50 万元艰难打造出一个震撼世界的互联网商务王国，演绎了一段犹如好莱坞大片一样荡气回肠的传奇人生。

一直以来写马云的有很多，诠释和阐述马云的角度各不同，仁者见仁，智者见智。比如我们不认为激情和梦想是最重要的，相反，马云早年形成的独立思考，以及他对商业的常识，对他的帮助最大。在我们看来，与其说是梦想，不如说是马云的蓝图更为妥帖一些。因为激情和梦想都不持久，只有实践的理智和商业的判断，只有在一线的亲身实战，对以往经验的总结和归纳，才能让马云在最低潮的时候仍然能够坚信成功，在马云无数的光环后面，去看看真正支持他成功的那些核心要素。

我的伙伴快刀洪七先生，对马云并不陌生，尤其是马云所从事的电子商务这个行业。早在 2000 年，他就在北京创业，承包了清华大学一个研究中心的营销工作,做销售软件以及版权授权,卖过教育软件的版权给当时的连邦软件。那个时候,他注册了阿里巴巴,几乎每天都泡在"以商会友",网友都称他为"青稞"老师。至今,阿里还为他留着那个账号。后来他又加入了百度广州分公司,并在运营中心担任高级运营经理。当时正值百度从代理制向直销转型期,广州是一个试点,而百度自己的运营团队,也刚刚开始扩张。在百度,快刀洪七先生接触了大量的中小企业,马云阿里巴巴的客户群体,跟百度的非常类似,销售模式也几乎一模一样。他先后在263、百度、宣亚国际待过,也有过两次创业的经验,这让他对马云的创业经历又多了一重感受。特别是马云在北京所受的冷遇,恰恰跟他的遭遇、彼情彼景几乎是一模一样。作为一个曾经的创业者,他的观点和感受,使得本书有与前人不同的解读,为本书增色不少。

同时,我从事电子商务的政策研究和数据研究已经有些年头了,先后在深圳市电子商务协会、中国互联网交易投资博览会组委会工作过,长期和互联网企业、电子商务企业、电子商务从业人员、淘宝卖家、拍拍卖家以及与互联网相关的各级政府交流,可以从另外一个侧面,从整个互联网、电子商务行业去看马云。

写作的过程是痛苦而漫长的,虽然我们不怵写字,但是要想系统性地观照马云,信息量非常之大,整整一个月时间,我们都泡在马云的世界里,仿佛是在"参禅"。"参禅"是一件痛并快乐着的事情,在你苦思不得的时候特别痛苦,在你顿悟的时候特别痛快。写作此书对于我俩来说收获颇大,记得完稿之时洪七对我说:"这次的写作体验很特别,之所以特别,因为它给了我一次自我发现的机会,一次愉快的、多年未体验过的自我发现的历程。"

"一沙一世界,一花一天堂",如果我们的读者,通过看这本书,看到一个不一样的马云,能够对自己所做的事业有所启悟,学习马云尊重常识、尊重客观规律,并不断地颠覆自我,从而绽放自己的创新商业之花,那么,我们的目的也就达到了。

在这本书的写作过程中,我们参考了大量公开的报纸和杂志资料,尤其是网上的资料,也参考了此前已经出版的关于马云的书籍。综合和分析了许多文章及评论的观点,以及来自网上许多网友的独到见地。限于篇幅,我不能一一提及,借此表示我们内心诚挚的感谢。

其次,我们要特别感谢本书的策划编辑王留全先生,没有他的策划、统筹和辛勤劳动,不会有本书的问世;同时也非常感谢英鹏兰德的林军、岑峰、华夏,给了我们这样一个研究马云的机会。

最后,要感谢我的家人和不在身边的她,谢谢他们一直支持着我。

冯玉麟

图书在版编目(CIP)数据

马云的颠覆智慧/快刀洪七,冯玉麟编著. —杭州:浙江大学出版社,2011.2(2012.5 重印)

ISBN 978-7-308-08325-6

Ⅰ.①马… Ⅱ.①快…②冯… Ⅲ.①电子商务—商业企业—企业管理—经验—中国 Ⅳ.①F724.6

中国版本图书馆 CIP 数据核字(2011)第 000488 号

马云的颠覆智慧

快刀洪七　冯玉麟　编著

策 划 者	蓝狮子财经出版中心
责任编辑	张　琛
出版发行	浙江大学出版社
	(杭州市天目山路 148 号　邮政编码 310007)
	(网址:http://www.zjupress.com)
排　　版	杭州大漠照排印刷有限公司
印　　刷	杭州杭新印务有限公司
开　　本	710mm×1000mm　1/16
印　　张	13
字　　数	158 千
版印次	2011 年 2 月第 1 版　2012 年 5 月第 3 次印刷
书　　号	ISBN 978-7-308-08325-6
定　　价	35.00 元